APRENDA A CONSULTAR EL TAROT

Hajo Banzhaf

APRENDA A CONSULTAR EL TAROT

www.edaf.net

MADRID - MÉXICO - BUENOS AIRES - SAN JUAN - SANTIAGO - MIAMI

2012

Título original: *Das Arbeitsbuch zum Tarot*
© 1992 Hajo Banzhaf
© De la traducción: Eduardo Knör Argote
© Diseño de la cubierta: Gerardo Domínguez
© 2012 De esta edición: Editorial EDAF, SLU, por acuerdo con Random House (Alemania).

EDAF, S. L. U.
Jorge Juan, 68. 28009 Madrid
http://www.edaf.net
edaf@edaf.net

Ediciones-Distribuciones Antonio Fossati, S. A. de C. V.
Calle 21, Poniente 3701 - Colonia Belisario Domínguez
Puebla 72180, México
Teléfono: 52 22 22 11 13 87
edafmexicoclien@yahoo.com.mx

Edaf del Plata, S. A.
Chile, 2222
1227 Buenos Aires (Argentina)
edafdelplata@edaf.net

Edaf Antillas, Inc.
Av. J. T. Piñero, 1594 - Caparra Terrace (00921-1413)
San Juan, Puerto Rico
edafantillas@edaf.net

Edaf Antillas
247 S. E. First Street
Miami, FL 33131
edafantillas@edaf.net

Edaf Chile, S. A.
Coyancura, 2270, oficina 914. Providencia
Santiago, Chile
edafchile@edaf.net

Primera tirada: junio de 2012

ISBN: 978-84-414-3189-8
Depósito legal: M. 19.207-2012

IMPRESO EN ESPAÑA   PRINTED IN SPAIN
Anzos, S.L. - Fuenlabrada (Madrid)

Índice

La tirada representada en la cubierta del libro surgió de una llamada telefónica del diseñador pidiéndole al autor ideas para el diseño gráfico del título.

¿Qué mejor que consultar a las cartas, siguiendo el nuevo método de tirada presentado en este libro (denominado "El Camino"), sobre cómo debía proceder el diseñador gráfico para solucionar el encargo? Y ésta fue la respuesta:

Posición 1: **El Sol (XIX)**

En el terreno profesional, el Sol significa que nuestro trabajo nos divierte y que sacamos adelante nuestras tareas con éxito, gran creatividad y fuerza creadora. Por otro lado, expresa calor y una sana conciencia propia frente a superiores, compañeros y socios, así como irradiación positiva y una transparencia convincente con las que defendemos nuestros deseos e ideas.

Posición 2: **Sota de Oros**

O bien se ha dado cuenta de la valiosa oportunidad que se le presenta o bien hasta ahora ha estado esperando un estímulo exterior que le ayude a avanzar en su asunto. Ha estado esperando ansiosamente una posibilidad concreta que se le pudiera presentar para llevar a la práctica su proyecto.

Posición 7: **Reina de Oros**

Considere el asunto con discreción y prudencia. Probablemente el asunto necesite un poco más de tiempo; y usted tendrá que recopilar algunas evidencias más hasta llegar a una actitud clara, para actuar después en consecuencia.

Posición 3: **Caballo de Copas**

Se siente afectado interiormente y aguarda con cariño y buen humor que se cumpla su proyecto. Si la carta de la posición 1 no contiene ninguna advertencia, no tiene usted nada que temer.

Posición 6: **El Mundo (XXI)**

Alégrese. Está muy cerca del punto culminante. No titubee; su camino le lleva derechito al lugar que le corresponde, al lugar en que será feliz. Enfréntese a su proyecto con serenidad y liberado de todo. Le saldrá bien.

Posición 4: **Reina de Bastos**

Ha actuado con gran conciencia de sí mismo y con afán emprendedor, quizá también de forma ardiente y lleno de ideales. Si las cartas de las posiciones 2 y 3 corroboran esas actitudes, bastaría que las complementara con lo que le indique la carta de la posición 7. Pero si se ha marcado un farol, debería reconvenirse.

Posición 5: **La Templanza (XIV)**

Muestre su esencia armónica, su alegría y su serenidad. Tómese tiempo. En su comportamiento, evite cualquier forma de exageración, dramatismo o artificiosidad. Compórtese con sencillez, honradez y tacto. La benefactora tranquilidad que puede irradiar les dará fuerza a usted y a los demás.

Prólogo

Con este libro quisiera presentar un nuevo método de tirada que se diferencia de las formas habituales de consultar el Tarot al dejar la responsabilidad de la evolución del futuro al consultante, en lugar de enfrentarle a la sentencia presuntamente inexorable de un oráculo.

El método «El Camino» que aquí se expone da respuesta a la siguiente pregunta: «¿cómo debo comportarme en el futuro?»; pregunta que puede referirse tanto a las relaciones interpersonales como a pasos que hay que dar en el mundo profesional, a las viejas costumbres y a decisiones financieras, o bien a simples cuestiones de la vida diaria. A diferencia de otros métodos de tirada, lo más relevante no es «lo que va a suceder», sino más bien una propuesta que nos indica lo que podemos hacer en la situación en que nos encontramos. Ello da a este método de tirada un carácter estimulante que puede satisfacer incluso a las personas críticas y reflexivas, dado que no enmascara sus afirmaciones con oscuras palabras que sólo puedan ser relevantes y verificables en un futuro lejano, sino que da una propuesta plausible para un futuro inmediato.

Este método de tirada no presupone ningún conocimiento previo. De las 78 cartas de la baraja del Tarot se extraen 7 cartas y se colocan en las 7 posiciones de este método de consulta. El significado que cada carta tiene en una posición determinada puede consultarse en este libro. Corresponde al consultante unificar las interpretaciones individuales para formar una interpretación de conjunto. Por atrayente que fuera, describir todas las combinaciones de cartas imaginables resulta una tarea insoluble: el número de todas las combinaciones imaginables de este método de consulta es inimaginablemente elevado.

Sólo las distintas posibilidades de combinar 7 cartas extraídas de entre las 78 de la baraja suman 2.641.902.120, lo que corresponde aproximadamente al número de segundos que tiene una vida de 84 años. Si además se tiene en cuenta el factor de que las 7 cartas pueden colocarse en 7 posiciones distintas, el número de variaciones posibles aumenta a 13.315.186.684.800. Por tanto, me veo obligado a dejar que sea el propio lector quien se haga una composición de conjunto. Pero como todas las afirmaciones se refieren al futuro inmediato del consultante, ni siquiera a los legos en la materia les resultará muy difícil captar por sí mismos la interpretación conjunta de las cartas.

En el presente libro he antepuesto a las cartas algunos paralelismos importantes que existen con otros sistemas, como son el mundo de la mitología, el I Ching de la antigua China y la astrología. Además se describe el significado universal de cada carta atendiendo al significado adivinatorio general y a los significados adivinatorios particulares en los ámbitos de la profesión, de la conciencia y de las relaciones. Para llegar a una comprensión más profunda de las cartas y de su interpretación, naturalmente sería de gran ayuda ocuparse también de su simbolismo y su lenguaje simbólico, algo que he hecho en mi *Manual del Tarot*[1].

Introducción

Si el equivocado utiliza el medio justo,
el efecto del medio justo es el equivocado.

PROVERBIO CHINO

Origen, nombre y estructura del Tarot

1. Origen

El origen de las cartas del Tarot se pierde en la oscuridad. Fueron redescubiertas en el siglo XVIII por Antoine Court de Gébelin (1725-1784), quien, en su inmensa obra *Monde Primitif* (1775-1784), lo describe por vez primera como «el único libro que nos ha quedado de los tesoros perdidos de la biblioteca de Alejandría». Desde entonces han sido numerosas las ocasiones en que se ha echado mano de su suposición, siendo sobre todo el pueblo de Israel quien ha actuado como nexo de unión entre el antiguo Egipto y Occidente. Esta hipótesis queda respaldada por las analogías que pueden establecerse entre las 22 cartas de los Arcanos Mayores y la interpretación cabalística de las 22 letras del alfabeto hebreo. Pero es especialmente el gran ocultista francés Alfonse Louis Constant (1810-1875), más conocido bajo su pseudónimo Eliphas Lévi (Fahev), quien en su obra *Dogma y ritual de Alta Magia* (1856) nos asegura que el Tarot es un libro que los hebreos atribuían a Henoc, los egipcios a Hermes Trimegisto y los griegos a su legendario fundador de ciudades Cadmo. Por fin hay otros que suponen para este juego un origen indio, dado que hay símbolos esenciales de las cartas que son también atributos de deidades indias. Así por ejemplo, Roger Tilley apunta en su libro *Playing Cards* (1973) el interesante paralelismo de que los cuatro símbolos centrales de los Arcanos Menores (Bastos, Espadas, Oros y Copas) se corresponden también con la deidad suprema Ardhanari, cuyo lado izquierdo lo representa Shiva y cuyo lado derecho está representado por la celestial Shakti.

Pero todas las pistas se pierden en el siglo XIII. Es en 1240 cuando en el Sínodo de Worcester se menciona un «juego del rey y de la reina», pero no está claro si de lo que se trata es de un juego de cartas. Las cartas se mencionan por vez primera en 1299 en el «Tratado del gobierno de la familia de Pipozzo di Sandro», bajo su antiguo nombre «naibi». Existen luego diversos documentos del siglo XIV de los que se desprende que los juegos de cartas fueron prohibidos: por ejemplo, un decreto firmado por Carlos V de Francia en el año 1369. También es conocida una inscripción latina que se encuentra en la Colección del Museo Británico de Londres, atribuida al hermano Johannes, un monje de Brefeld (Suiza), quien escribe: «un cierto juego denominado juego de cartas nos llegó en el año del Señor de 1377. En este juego se describe con imágenes el actual estado del mundo. Pero el momento y el lugar en que se inventó, así como su autor, me son por completo desconocidos». A continuación describe un juego de cartas que se compone de un mínimo de cincuenta y dos cartas distribuidas en cuatro series.

Una teoría convincente propone un origen más antiguo para las veintidós cartas de los Arcanos Mayores, situando el origen de las cincuenta y seis cartas de los Arcanos Menores en la Edad Media. En dicha teoría, las cuatro series de estos Arcanos Menores se entienden como símbolos de los cuatro estamentos medievales: Espadas = Caballeros; Copas = Clero; Oros = Comerciantes, y Bastos = Campesinos.

Dependiendo de la teoría que se suponga para su origen, se elucubra que fueron los cruzados (origen egipcio) o los gitanos (origen indio) quienes trajeron las cartas a Europa. Ambas hipótesis son difícilmente reconciliables con los datos mencionados. La época de las cruzadas se remonta mucho más en el tiempo, e incluso la Orden de los Templarios, guardianes de este bien espiritual, ya había sido disuelta por Felipe IV el 13 de octubre de 1307. Por otra parte, los gitanos no aparecen en Europa hasta 1400, de forma que no tiene sentido considerarles fuente u origen de las cartas, sino únicamente como difusores de las mismas.

En realidad es indiferente que las cartas tengan «sólo» 500 años de antigüedad o que su origen se remonte a una época muy anterior: resulta indudable que los símbolos y figuras que nos presentan, sobre todo los veintidós Arcanos Mayores, son figuras arquetípicas del alma occidental, que ya estaban vivas en la temprana historia de la humanidad.

2. Nombre

Las cartas se mencionan por vez primera con la palabra «naibi», nombre del que deriva «naibis» y posteriormente «naipes», denominación que presumiblemente se ha seguido conservando en Castilla, y que puede relacionarse con «nabab», que en sánscrito significa virrey y gobernador. Su nombre actual se relaciona con las denominaciones «tarocchino», «tarocco» o «tarochi», que aparecen hace mucho tiempo en Italia y que algunos relacionan con el Taro, un afluente del Po. Por contra, otros ven en las múltiples posibilidades de combinación de estas cuatro letras una pista sobre el misterioso origen del juego. Por ejemplo, el ocultista norteamericano Paul Foster Case (1884-1954) partió de este tetragrámaton para formar la frase «ROTA TARO ORAT TORA ATOR», lo que puede traducirse como «la Rueda del Tarot Revela la Ley de Ator»[2]; también desconcierta la correspondencia que el nombre Taro presenta con la Tora, la Ley judía, los cinco Libros de Moisés.

3. Estructura del juego

Las primeras barajas estaban compuestas de un número muy diverso de cartas. En la baraja florentina había cuarenta y un arcanos mayores y cincuenta y seis arcanos menores; la de Bolonia contaba sesenta y dos cartas, y la preciosa baraja de Andrea Mantegna de Mantua estaba compuesta de cincuenta cartas. Había juegos que constaban de doce series de doce cartas cada una o de ocho series de doce cartas. Tenemos que llegar hasta el año 1600 para que sea el italiano Garzoni quien describa una baraja que presenta la estructura del Tarot actual, con veintidós Arcanos Mayores y cincuenta y seis Arcanos Menores. Bajo esta forma se denominó baraja veneciana o Tarot de Marsella.

Los Arcanos Mayores representan en veintidós cartas (0 = El Loco hasta XXI = El Mundo) dibujos que nos parecen sorprendentemente familiares por su relación con mitos y otras tradiciones. Las restantes cartas de los cincuenta y seis Arcanos Menores se reparten en cuatro series, las mismas que conocemos en la actual baraja de juego, que presentan las siguientes correspondencias: Bastos = Tréboles, Espadas = Picas, Copas = Corazones, Oros = Diamantes. Cada una de estas series consta de catorce cartas, que se dividen en diez cartas numeradas (desde 1 = As hasta el 10) y cuatro figuras (Rey, Reina, Caballo y Sota).

Hacia el último fin de siglo, las cartas del Tarot no sólo fueron gozando de un interés creciente,

sino que Arthur Edward Waite (1857-1941) las enriqueció de forma decisiva: Waite, de origen americano y criado en Inglaterra, fue un gran conocedor del ocultismo. Fue miembro y posteriormente Gran Maestre de la «Orden Hermética del Alba Dorada» (la «Golden Dawn»), una Orden mágica muy influyente que había sido fundada en 1888, entre otros, por Samuel McGregor Mathers, Dr. Wynn Westcott y Dr. William Woodmann. Otros miembros famosos de esta Orden fueron el poeta William Butler Yeats y el famoso mago Aleister Crowley. Waite es el padre espiritual de una nueva baraja del Tarot dibujada por un miembro de la Orden, la artista Pamela Coleman Smith. Sus iniciales PCS pueden verse en las setenta y ocho cartas. Mientras que en las antiguas barajas de Tarot sólo estaban ilustrados los Arcanos Mayores, las figuras, y ocasionalmente los cuatro ases, la baraja concebida por Waite incorpora motivos gráficos en las restantes treinta y seis cartas, que sirven para inspirar la interpretación. Gracias a este enriquecimiento, su Tarot es el más extendido hoy día, y asimismo es el que se ha tomado de base para este libro.

Guía para no iniciados

Aun cuando sea la primera vez que tiene en sus manos las cartas del Tarot, muy pronto podrá empezar a echarse las cartas. Para ello proceda de la siguiente forma:

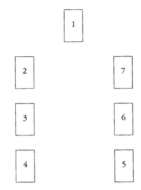

1. Formúlese una pregunta que básicamente sea del tipo siguiente: «¿cómo debo comportarme?». Por ejemplo: «¿cómo debo comportarme frente a mis superiores?», o «¿qué puedo hacer para encontrar un nuevo puesto de trabajo (vivienda, compañero, etc.)?», o «¿cómo puedo solucionar este o aquel problema?». Es decir, la pregunta no debe ser del siguiente tipo: «¿encontraré alguna vez al gran amor de mi vida?», o «¿qué puedo hacer para encontrar al gran amor de mi vida?».

2. Baraje a conciencia las setenta y ocho cartas y extiéndalas boca abajo delante suyo, formando un gran abanico.

3. Sin concentrarse más en su pregunta, extraiga sucesivamente de la baraja con la mano izquierda siete cartas a su elección y colóquelas boca abajo, por orden de extracción, una sobre otra. Es usted libre de tomarse el tiempo que desee para elegir las siete cartas: puede pasar la mano sobre las cartas el tiempo necesario hasta que sienta un ligero cosquilleo, o bien puede extraer espontáneamente las siete cartas. Puede extraer las cartas con los ojos abiertos o cerrados. Extraiga las cartas de la manera que le parezca más sugerente, pero tenga cuidado de no alterar el orden de las cartas extraídas.

4. A continuación, extienda una a una las cartas siguiendo el mismo orden en que las ha extraído; es decir, comience con la carta del extremo inferior del grupo de siete cartas, y extiéndalas una a una de la forma que indica la figura.

5. Ahora puede consultar la interpretación de cada carta en su posición determinada y enlazar sus significados para tener una enunciación conjunta. Para encontrar en el libro el comentario de cada una de las cartas, compruebe primero a cuál de los cinco grupos principales pertenece:

a) Las cartas de los *Arcanos Mayores* se reconocen por llevar un número en la parte superior y un nombre en la parte inferior (por ejemplo 0 = El Loco, I = El Mago, etc.). Estas cartas las encontrará en la primera sección de la parte interpretativa del libro, que reproduce en el margen derecho de la página el número correspondiente (de 0 a XXI).

b) Las cartas de los *Arcanos Menores* se reconocen por llevar o un nombre o un número. Debe comprobar a cuál de los cuatro palos corresponde la carta:

Bastos   Espadas   Oros   Copas

Las secciones correspondientes están marcadas con estos símbolos en el margen derecho de cada página. Dentro de cada sección se comentan en primer lugar las cartas numéricas (el As corresponde a la número 1), y a continuación las llamadas «figuras», en el siguiente orden: Sota, Caballo, Reina y Rey.

6. La parte del texto interpretativo que ha de tomarse en consideración se deduce de la posición en que se encuentra la carta. Para la carta superior (posición 1) encontrará la interpretación siempre en la página izquierda del libro. De los cuatro bloques de texto deberá seleccionar aquél que corresponda al tema de su consulta. Para cada carta encontrará las tres secciones siguientes: *profesión, conciencia y relación*. Si su pregunta no estuviera relacionada con ninguna de estas tres áreas, busque la interpretación en la parte que sirve de introducción a la carta que corresponda, situada siempre al principio del comentario. Esta primera carta le dice de lo que trata la consulta planteada, las perspectivas que tiene y qué es lo que puede esperar.

Las seis cartas restantes le indican cómo ha actuado en el pasado (posiciones 2, 3 y 4) y cómo debe comportarse en el futuro (posiciones 5, 6 y 7). Como cada pareja de cartas enfrentadas a derecha e izquierda a la misma altura corresponde a un determinado nivel de comportamiento (2 y 7 = conciencia; 3 y 6 = sentimientos; 4 y 5 = comportamiento externo), es aconsejable consultar conjuntamente la interpretación de estas cartas enfrentadas. Estos textos interpretativos los encontrará siempre en la página derecha del libro, debajo de la carta correspondiente.

7. Una vez que haya consultado los siete textos interpretativos, trate de enlazarlos para llegar a un enunciado conjunto. No tropiece con aparentes contradicciones; trate de captar sus significados más profundos. Con frecuencia las cartas reflejan alguna discrepancia entre sentimientos (las posiciones 3 y 6) y pensamiento (las posiciones 2 y 7), y no es raro que indiquen que hacia el exterior damos una impresión (las posiciones 4 y 5) distinta de lo que suponemos internamente.

8. Apunte su pregunta junto con las cartas que se han extraído para volver a completar el proceso dos o tres semanas después. Es precisamente de esta forma como se irá familiarizando cada vez más con el lenguaje propio de las cartas. Sus observaciones y las experiencias especiales que no se encuentren en el texto interpretativo de este libro, debe anotarlas con palabras clave en los espacios libres que quedan en las casillas de los comentarios a las cartas. De esta forma, este libro práctico y su interpretación cartomántica irán adquiriendo un carácter más personal.

Cuando con el paso del tiempo se haya familiarizado con la predicción de las cartas, debería seleccionar de la última parte del libro otros métodos de consulta, para irlos incorporando poco a poco a su práctica del Tarot. Con un poco de práctica, pronto logrará también interpretar las cartas según esos otros métodos de consulta.

Guía para expertos del Tarot

Las cartas del Tarot pueden consultarse desde múltiples perspectivas:

1. En los oráculos clásicos se consultan tendencias. Para ello resulta idóneo el método de la Cruz Celta (pág. 179) y el Secreto de la Suma Sacerdotisa (página 186).

2. Para describir un estado actual. Para ello son apropiados sobre todo el Juego de la Relación (pág. 182) y el Juego de la Pareja (pág. 181), pero en cierta forma también para el método del Círculo Astrológico*.

3. Para experimentar sobre sí mismo. Para ello existen numerosos métodos, como la Mancha Ciega (pág. 180), el Descenso de Inanna a los Infiernos* y el Método de los Planetas*.

4. Para obtener propuestas. Se consigue generalmente con la Tirada en Cruz (pág. 179), y de forma muy específica con el Juego de las Decisiones (pág. 183), pero la forma de mayor poder enunciativo es el método de «El Camino» que se presenta aquí:

«El Camino» muestra al consultante:

a) El tema de que se trata.

b) Cuál ha sido su comportamiento anterior en el asunto consultado.

c) Cómo debe comportarse en el futuro.

Una vez barajadas las setenta y ocho cartas y extendidas boca abajo en forma de abanico, el consultante extrae siete, que descubrirá y extenderá como se indica en la siguiente figura:

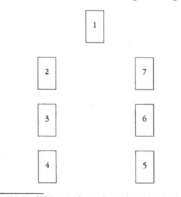

* Ver Hajo Banzhaf, *Tarot-Spiele*, Munich, 1988 (Heinrich Hubendubel).

Las distintas posiciones tienen el siguiente significado:

1 De lo que se trata. Son las oportunidades y riesgos en relación con la pregunta.

Columna izquierda = comportamiento anterior:

2 Actitud consciente, pensamientos, argumentos racionales. Ideas, intenciones, comportamientos que el consultante tiene «en la cabeza». La conducta racional.

3 Actitud inconsciente, deseos, anhelos que el consultante lleva «en el corazón». Esperanzas y miedos. La conducta emocional.

4 Actitud externa. La apariencia del consultante hacia el exterior y eventualmente su fachada.

Columna derecha = Propuesta de comportamiento futuro: significados conforme a las casillas 2 - 4.

7 Actitud consciente. Propuesta de conducta racional.

6 Actitud inconsciente. Propuesta de actitud emocional.

5 Actitud externa. Ésta es la apariencia que debe presentar el consultante.

El presente libro le ofrece propuestas de interpretación para las setenta y ocho cartas del Tarot. Como la carta de la posición 1 es determinante para el sentido del enunciado global, se describe en la página izquierda correspondiente del libro en cuatro secciones. En función de la orientación de la consulta, deberá tenerse en cuenta el texto que haga referencia a *profesión, conciencia* o *relación* o la *parte general*. Para los significados especiales que adquieren las cartas en las restantes posiciones (2 a 7), las propuestas de interpretación se encuentran debajo del número correspondiente en la página derecha del libro que corresponde al comentario de la carta. Bajo estos textos existe suficiente espacio libre del que puede disponer para anotar sus propias interpretaciones.

Como probablemente ya sepan por mis libros anteriores, a título personal he anulado la renumeración introducida por Arthur Edward Waite para las cartas *Justicia* y *Fuerza* debido a que la numeración antigua me parece más consecuente, al estar la Justicia en el puesto 8 y la Fuerza en el puesto 11 de los Arcanos Mayores. Para ello me baso de manera especial en la mística numerológica, a la vez que en la concluyente estructura de los viajes arquetípicos de los héroes, que es lo que reflejan los veintidós arcanos mayores. Waite, que no es más explícito respecto a su «justificación», como él mismo la denomina, atribuyó escasa importancia a este acceso al conocimiento, dejándose guiar en su estructuración del Tarot por las doctrinas de los albigenses, waldenses y cátaros y de la Orden de los Templarios o de otras corrientes gnósticas. Todos estos movimientos tuvieron su importancia hacia el último cambio de siglo, y parece ser que Waite vio aquí el origen de las cartas del Tarot.

Pero esta reordenación numérica sólo conlleva consecuencias prácticas cuando el número participa en la interpretación, como ocurre sobre todo en el caso de la obtención de la quintaesencia. Esta quintaesencia da al consultante una propuesta terminante sobre cómo debe proceder en el asunto consultado en los tipos de métodos de consulta descritos con los números 1 a 3. Sin embargo, cuando se selecciona un método del grupo 4, que es en sí mismo un método de proposiciones, resulta superflua la obtención de la quintaesencia. Por esta razón, y con el fin de no introducir confusiones innecesarias para el lego en la materia, en este libro he mantenido la secuencia numérica de A. E. Waite.

Cabe hacer otra importante observación preliminar referente a las figuras, que en la interpretación tradicional se consideran predominantemente como personas. Son los niños mimados de los echadores de cartas de cualquier plaza de feria, pero ocasionalmente pueden desconcertar a todo cartomántico exigente. En mi «Manual del Tarot» he descrito, con todo detalle, cómo interpreto yo estas cartas, motivo por el cual aquí me limitaré a hacer un breve resumen.

Sólo en los *Reyes* y *Reinas* veo cartas que simbolicen hombres y mujeres. La caracterización óptima de estas personas se logra con ayuda de los cuatro Elementos, que presentan las siguientes correspondencias con los símbolos principales de los Arcanos Menores:

Bastos = Fuego, Espadas = Aire, Oros = Tierra, y Copas = Agua.

No obstante, como el método «El Camino» que aquí se presenta versa sobre enunciados que se refieren exclusivamente al comportamiento del consultante, en este caso y en contra de mi comprensión general, interpreto las Reinas y los Reyes, no como cartas de personas, sino como el rasgo masculino o femenino del Elemento correspondiente. La amplia experiencia adquirida en multitud de cursos impartidos con el método «El Camino» ha demostrado que este tipo de interpretación es el que mayor poder enunciativo tiene. Únicamente en la posición 5 (comportamiento futuro), una de las dos figuras puede significar ocasionalmente que el consultante debe dirigirse con sus ruegos a una persona descrita como Rey o Reina.

Sin embargo, el texto interpretativo de estas cartas requiere una reinterpretación para los métodos de consulta especificados en el anexo, de forma que en ellos sí simbolizan la figura de un hombre o de una mujer.

Básicamente, yo no considero los *Caballos* y las *Sotas* como cartas de personas. Para mí, los Caballos expresan estados de ánimo que se clarifican mediante la imagen mitológica asociada. Por el contrario, las Sotas las entiendo siempre como posibilidades que se cruzan en nuestro camino, que nos salen al paso desde el exterior. A diferencia de los Ases, que indican posibilidades y subyacen dentro de nosotros o en nuestro propósito.

Parte interpretativa

0 El Loco

Correspondencia astrológica

Urano/Mercurio en sentido de franqueza, curiosidad, espontaneidad y locura, en conjunción con Neptuno como expresión del ser guiado

El LOCO

Imagen mitológica

Parsifal, quien partió vestido de bufón y que al final de su larga búsqueda se convirtió en señor del Santo Grial

Correspondencia del I Ching

25 Wu Wang / La inocencia
(lo inesperado)

El Loco muestra el niño que hay en nosotros. Representa el reinicio espontáneo y la sinceridad libre de prejuicios. Es expresión de despreocupación lúdica y dichosa y muestra que nos adentramos en una nueva fase de la vida con los ojos abiertos de asombro y sin expectativas fijas, a menudo también sin conocimientos previos. Puede representar tanto un carácter infantil, consiguientemente irreflexivo, como candidez insensata, excesiva juguetonería; pero también puede indicar tonterías y la sencillez de una inteligencia sabia y humilde a la que podemos llegar al final de una larga y a menudo penosa búsqueda. El Loco puede personificar al pícaro y al villano de la ralea de Till Eulenspiegel, pero también al único consejero honrado de la corte en calidad de Alter ego del rey. En cualquier caso, vive completamente en el presente, es expresión de franqueza y espontánea honradez, siempre dispuesto a realizar nuevas experiencias. El que esta conducta proceda de nuestra negativa a convertirnos en adultos o que sea la experimentada prudencia que confiere la madurez psíquica es algo que sólo puede juzgarse en el contexto fuera de la carta. El Loco apunta siempre a experiencias refrescantes, que si bien a veces pueden presentar rasgos caóticos, no significan ningún peligro efectivo aun cuando «nos demos de narices» con las cosas.

En la vida profesional, el Loco indica que entramos en una nueva área de experiencias sin ser portadores de ningún conocimiento previo decisivo, pero sí de una enorme disposición y una gran curiosidad para aprender y para familiarizarnos sin reservas con nuestros nuevos cometidos. A nivel de hechos, también puede ser indicativo de un comportamiento erróneo, parcialmente insensato, o bien de irresponsabilidad. Pero su significado profundo estriba en la sabia comprensión de que las ideas al uso de seguridad y éxito no son sino engañosas promesas y falso oropel que no nos dan la clave para la auténtica realización y satisfacción personal.

En el ámbito de nuestra conciencia, el Loco personifica el asombro que según Platón precede a todo conocimiento. Puede ser expresión de pueril despreocupación e inmadurez psíquica, o bien encarnación de la más profunda inteligencia y de la auténtica experiencia de la vida. Precisamente la sabiduría del loco es el símbolo de la más excelsa madurez, lo cual naturalmente no significa que todos los locos sean sabios. El versículo bíblico que dice «si no os mudáis haciéndoos como niños, no entraréis en el reino de los cielos» (Mt. 18,3) significa prácticamente que debemos afirmar nuestra visión inocente del mundo frente a las dudas y conocimientos de nuestros años de madurez; la meta del proceso evolutivo es básicamente una conciencia simple semejante a aquella de los días de nuestra infancia. Oskar Adler ilustra este largo camino de la experiencia con la imagen del río Níger, que, siendo uno de los más largos del mundo, nace relativamente cerca de su desembocadura[3]. Aun cuando sepamos que la meta está cerca del nacimiento, no hay atajos que puedan ahorrarnos el penoso rodeo.

En el terreno de nuestras relaciones personales, el Loco muestra sobre todo su lado alegre y gozoso de vivir. Quizá también pueda representar irresponsabilidad y una despreocupación tendente a la ausencia de fiabilidad, pero por regla general es representativo de la relación viva, alegre y vivida sin complicaciones, siempre dispuesta a encontrar al otro sin reservas, a descubrirlo de nuevo y a vivirlo y tomarle afecto con sus muchas facetas. A nivel de los hechos, esta carta puede representar el reinicio de una relación refrescante o una fase ascendente vivificadora dentro de una relación ya existente, que en algunos casos puede ser desencadenada por un niño.

Posición 2

Hasta ahora ha contemplado el asunto sin preocupación, a la búsqueda de una nueva experiencia. Probablemente se haya limitado a confiar en que el asunto se aclararía por sí mismo. Compruebe que las cartas de las posiciones 1 y 7 no le dicen que ha sido demasiado despreocupado e insensato, quizá incluso cándido e imprudente.

Posición 7

Conciénciese de que está pisando un campo de experiencias completamente nuevo al que debería dirigirse totalmente libre de prejuicios. Si por el contrario tiende a tener un elevado concepto de sí mismo, por esta vez debería hacerse un favor y dar por sentado que no tiene ni idea o casi ni idea.

Posición 3

Experimenta el prurito de la novedad y está buscando más actividad y variedad. Su franqueza y su ausencia de prejuicios le prestan una gran ayuda. Pero también podría suceder que se enfrente a su proyecto con demasiada precipitación, de forma inconsciente o a ciegas. ¿O es que ha sido usted un bribón?

Posición 6

Entre con asombro y curiosidad en la región de lo desconocido. Esté abierto a todo lo que le salga al encuentro. Déjese impresionar e influenciar. Enfrente su proyecto con espontaneidad y despreocupación. Escuche atentamente la voz de sus instintos y confíe en la guía que éstos le ofrecen.

0

Posición 4

Hasta ahora ha dado una apariencia, cuando menos, no convencional, si no de persona irreflexiva, inexperimentada y con gusto por la aventura. Cuando tenía que gestionar con seriedad sus asuntos, se lo ha tomado como un juego. Pero quizá precisamente su falta de prevención o su espontaneidad hayan sido una premisa importante para el proyecto.

Posición 5

Demuestre su disposición espontánea a aplicarse a algo nuevo y que, si bien en este asunto puede que sea algo inexperimentado, está dispuesto en todo momento a aprender y a improvisar. No se eche faroles dándoselas de «viejo zorro» versado en todo. Dé a entender tranquilamente que está inquieto o que tiene los nervios del novato. Con ello ganará simpatía, comprensión y apoyo.

I El Mago

Correspondencia astrológica

Sol significando fuerza e irradiación, Mercurio apuntando volubilidad y habilidad

El MAGO

Imagen mitológica

El creador; o Dédalo, el genial inventor, constructor y artesano de la Antigüedad

Correspondencia del I Ching

1 Ch'ien / Lo Creativo

El Mago significa inteligencia, habilidad, conciencia de sí mismo y una configuración vital activa. Representa una época en que resolvemos problemas difíciles y nos enfrentamos con aguzada conciencia y despierta inteligencia a desafíos que superamos con éxito. Aunque esta carta representa la fuerza de los poderes conscientes, no quiere decir que puedan verse perjudicados la intuición y otros poderes inconscientes. Al contrario: la extraordinaria influencia y eficacia que se manifiestan a través del Mago se basan en el secreto de la profunda armonía entre lo consciente y lo inconsciente. Sólo la certeza interior que surge de esa armonía puede mover montañas.

En el terreno profesional, el Mago indica que tomamos iniciativas, que somos conscientes de nuestro poder de influencia y que aplicamos este poder para conseguir el objetivo. Dependiendo de cómo orientemos esa energía, podremos conseguir éxito en el terreno económico, lograremos ascensos o llevar a buen término tareas difíciles, tales como exámenes o proyectos profesionales. Como jefes, podemos mejorar el ambiente de trabajo y aumentar el éxito de la empresa en su conjunto gracias a la motivación positiva. En negociaciones, proyectos, exámenes y otras tareas que hasta entonces habíamos estado retrasando porque nos parecían demasiado difíciles o nos preocupaban por otras razones, ha llegado la hora de deshacer el nudo gordiano, teniendo en cuenta las cartas de las posiciones 5 a 7. Ahora también podrán superarse estas situaciones problemáticas.

En el ámbito de nuestra conciencia, esta carta representa el poder de nuestro pensamiento y significa que gracias al convencimiento interno y la habilidad podremos realizar cosas que hasta entonces considerábamos fuera de nuestras posibilidades. Además, el Mago indica que tenemos la perspectiva de lo general y absoluto, que nos eleva por encima de nuestra óptica cotidiana. A un nivel más profundo, esta carta significa que modelamos nuestro destino bajo nuestra propia responsabilidad, con conciencia y decisión, y que superamos los problemas que nos plantea la vida.

En las relaciones personales, esta carta nos remite a una fase de fuerte fascinación e intenso poder de atracción. La fuerza que se expresa a través del Mago, utilizada correctamente, puede superar cualquier tipo de obstáculos, dificultades y otros problemas molestos. En este caso, «utilizar correctamente» quiere decir «en beneficio de todos, no sólo para la mera obtención de ventajas individuales». El Mago expresa el conocimiento de la unidad y de las fuerzas que sustentan la relación.

Posición 2

Se encuentra usted fascinado por el tema consultado, y hasta ahora ha defendido su causa de forma decidida y con plena convicción. Si a pesar de todo tiene motivos para cuestionar su comportamiento, debería reflexionar sobre la posibilidad de que haya estado utilizando su poder de convicción de manera demasiado directa, demasiado avispada o demagógica. Podría ser que haya superado el colmo.

Posición 7

Desarrolle una idea clara y estrategias convincentes. Aproveche su habilidad y su capacidad de iniciativa. Libérese de las opiniones de los demás y llegue a una convicción inequívoca y propia. Mentalmente dominará pronto el asunto y verá la facilidad con que le salen las cosas.

Posición 3

Hasta ahora estaba fascinado por su proyecto, teniendo por ello un fuerte poder de irradiación. Tenía la sensación de poder dominar sin problemas este asunto. La carta de la posición 6 le indicará si esta valoración era correcta.

Posición 6

Muestre la potencia de sus sentimientos y experimente sus poderes anímicos. Enfréntese a su proyecto con profunda seguridad y confianza. Conseguirá superar diestramente el asunto, y además convincentemente.

I

Posición 4

Su apariencia concreta y su activo comportamiento ha fascinado a otros. Irradia con intensidad y da impresión de seguridad en sí mismo y de estar versado en el asunto. Pero, para los demás, ¿no fue quizá demasiado intenso o incluso algo amenazador?

Posición 5

Actúe de forma decidida y clara. Tenga iniciativa y no siga posponiendo la solución de los problemas. Muestre su habilidad y su talento. Independícese, tenga impulsos, comience ya. Dé apariencia de seguridad en sí mismo y sea un guía para otros. Tiene el éxito garantizado.

II La Suma Sacerdotisa

L. SUMA SACERDOTISA

Correspondencia astrológica

La Luna como expresión de nuestra conciencia lunar, de intuición y del poder de nuestras potencias inconscientes

Imagen mitológica

La Reina de los Cielos como dadora universal, matriarca, creatriz, iniciatriz con todos sus múltiples nombres: Eurínome, Maya, Nut; o en su aspecto polar como Isis-Neftis, Eva-Lilith, Inanna-Ereshkigal, Deméter-Perséfone

Correspondencia del I Ching

2 K'un / La respuesta natural

La Suma Sacerdotisa representa nuestros poderes inconscientes, nuestra sutil intuición, nuestro don de adivinación y una certidumbre profundamente enraizada aunque a menudo inexplicable. Es la clave de la verdad misteriosa que se sustrae a la captación por el intelecto lógico pensante. Sabe que la verdad que podemos pronunciar nunca es la verdad eterna. Su lado luminoso es expresión de paciencia, entendimiento, indulgencia, bondad y disposición al perdón, y como auxiliadora, benefactora o clarividente utiliza el poder de las fuerzas inconscientes en beneficio de otros. Su lado sombrío, por el contrario, corresponde al arquetipo de la «hermana oscura», de la bruja que utiliza la fuerza de sus poderes mentales para seducir, paralizar o dañar a los demás. Pero en la interpretación del Tarot siempre se ha destacado su lado amigable y proclive a la ayuda. Tradicionalmente ha sido considerada como una de las cartas protectoras[2], algo que está en consonancia con la concepción de la mitología cristiana, según la cual, el héroe que está bajo la advocación de la Virgen es invulnerable.

En nuestra vida profesional, la Suma Sacerdotisa, o bien indica que nuestra esfera de actividad está en consonancia con los temas de esta carta, como ocurre en amplios campos de la terapia o del esoterismo, o bien caracteriza la actitud que adoptamos en nuestra vida profesional. Esto significa que nos enfrentamos a nuestras tareas cotidianas con paciencia y sinceridad, que estamos dispuestos a aceptar nuevos estímulos y alicientes, y que, al dar un paso en el terreno profesional, nuestra decisión última depende de nuestra voz interior. En los aspectos en que esta postura se viva de forma reflexiva y juiciosa, aportará la gratificante sensación de sentirse guiado. Si por el contrario se desborda, nuestro comportamiento frente a los demás cobrará un cariz caprichoso, impredecible o incluso amenazador.

En el ámbito de nuestra conciencia, esta carta representa una época en la que dirigimos nuestra atención a lo inconsciente y a las imágenes del alma, en la que nos abandonamos a fantasías y sueños creativos, o en la que descendemos a los tesoros de las profundidades para alzar el velo con el que la Suma Sacerdotisa oculta su conocimiento secreto, la «antigua verdad» hace tiempo encontrada que tiene que ser descubierta una y otra vez. En este viaje, nuestro entendimiento dualista fracasa en la diferenciación del bien y del mal. La «sabiduría del seno materno» oculta el secreto de la polaridad inherente a todos que nos permite mirar con fascinación y temor a un tiempo al rostro de la albinegra Isis, sin que nunca podamos estar seguros de si nos encontramos frente al bien o frente al mal, frente a la fuerza reparadora o frente a la fuerza destructiva. Este arquetipo de lo femenino ha sido descrito en toda su fascinación y peligrosidad por autores como Rider Haggard[5] o Gustav Meyrink[6].

En nuestras relaciones personales, la Suma Sacerdotisa muestra predominantemente su lado luminoso. Representa comprensión, profundo afecto, proximidad y cercanía espiritual, tacto y delicadeza en el trato mutuo y la certeza de que un lazo invisible nos une a nuestro compañero. En épocas en que vivimos solos, esta carta quiere decir que encontramos una enorme satisfacción en esta forma de vida o que nos encontramos pacientemente dispuestos y abiertos a una nueva relación, escuchando sólo a nuestra voz interior y sin forzarnos ni dejarnos forzar a nada.

Posición 2

Hasta ahora ha considerado el asunto con paciencia y ha estado expectante, a la espera de una oportunidad más propicia. Probablemente no haya decidido todavía cómo va a actuar y está a la espera de recibir una señal clara. Compruebe en las cartas de las posiciones 1 y 7 si ya ha llegado el momento de actuar.

Posición 7

Tenga bien presente que en este asunto no puede forzar nada y que el mucho ir y venir sólo puede perjudicarle. Necesita paciencia y estar dispuesto a dejar que las cosas maduren y vayan a su encuentro. Proceda con cautela y espere hasta que una voz interior le diga qué es lo que hay que hacer.

Posición 3

Hasta ahora ha sido paciente, condescendiente, indulgente y quizá compasivo y previsor. Estaba dispuesto y abierto a aceptar un impulso o ha estado esperando a que su voz interior le diga lo que debe hacer. Pero tal vez sólo haya estado rehuyendo actuar responsablemente, y ahora la carta de la posición 6 le exhorta a emprender la actividad.

Posición 6

Ábrase al mundo de lo irracional. Preste atención a su sutil intuición y a lo que ésta le dicte. Comprobará que en su plan adivinará las intenciones de los demás y que de algún lado inexplicable le insuflará una profunda seguridad. Confíe en su intuición y deje que sea su única guía.

II

Posición 4

Ha dado una impresión pasiva muy retraída, mostrando que todavía no ha llegado el momento de actuar. Ha ejercido influencia con gran tacto, posiblemente incluso de forma mediatizada, o bien con arrebatamiento y enajenación.

Posición 5

Muéstrese comprensivo, indulgente, condescendiente y dispuesto a aguardar los acontecimientos antes de reaccionar o adoptar decisiones importantes. Tenga claro que cuenta usted con una evolución halagüeña pero que no precipitará las cosas. Muestre sus capacidades de mediación o sus facultades benefactoras y curativas.

III La Emperatriz

Imagen mitológica

La gran Diosa Madre con todos sus nombres: Inanna, Ishtar, Anat, Astarté, Afrodita y Deméter; y la Madre Tierra como Gaia o Rea

Correspondencia del I Ching

48 Ching / El Pozo de Agua

La Emperatriz encarna la fuerza inagotable de la naturaleza con la que engendra incesantemente nueva vida. Representa por ello actividad, fecundidad, desarrollo y el nacimiento de lo nuevo. Es la fuente inagotable de toda la vida que muestra nuestro potencial creativo y nuestra capacidad de absorber impulsos y hacer surgir de ellos lo nuevo. A nivel corporal significa crecimiento y fertilidad; a nivel espiritual, creatividad artística; a nivel del entendimiento, riqueza de ideas, genio e inventiva, y a nivel de la conciencia, aumento de la cognición. El constante nacimiento de lo nuevo significa tanto el incesante cambio de nuestra vida como la necesidad de soportar los dolores de estos alumbramientos.

En el terreno profesional, esta carta indica que nos encontramos en una fase en que se liberan grandes energías. Esto significa creatividad para los artistas, escritores, músicos o publicitarios; nuevas y sorprendentes ideas para técnicos, ingenieros o diseñadores; la voluntad de cambio, de innovaciones, de desarrollo y de gran actividad en otras ramas profesionales. La Emperatriz puede significar también que tenemos que acomodarnos a distintas condiciones de trabajo, que aparece algo nuevo que nos saca violentamente de la rutina. Puede ser un nuevo profesor, jefe o compañero, o también un cambio de nuestra esfera de actividades. En algunos casos, esta carta expresa el comienzo de una nueva carrera o de un nuevo puesto. Aun cuando el nacimiento sea doloroso, por lo general el cambio anunciado por la Emperatriz es beneficioso.

En el ámbito de la conciencia, se trata de nuevas perspectivas y conocimientos. Pueden ser tanto de naturaleza agradable como desagradable; en cualquier caso, enriquecedores. Dirigen nuestra atención al continuo fluir de la vida y nos enseñan que nada es constante, pero que de todo lo que caduca surge siempre algo nuevo. A un nivel más profundo, la Emperatriz puede significar el conflicto con los dos aspectos de la imagen materna: la fuente de vida luminosa, preocupada y accesible incondicionalmente, y el lado oscuro, que Jung describió como «Mater saeva cupidinum», la madre salvaje de los apetitos[7].

En el terreno de la relación de pareja, esta carta representa igualmente cambios y novedades, y puede significar tanto crecimiento en sentido familiar como cualquier otra forma de cambio dentro de la relación. En todos los casos denota actividad y evoluciones predominantemente halagüeñas. Además puede expresar una fase de amor maternal o ser símbolo de la tierra en la que crece una nueva y vívida relación.

Posición 2

Se ha mostrado muy ocurrente y está dispuesto y abierto a aceptar nuevos impulsos y a darles forma. Ve que los cambios e innovaciones son necesarios. Tenga cuidado de no exagerar y de que las cosas no le desborden. ¡La Emperatriz puede significar también el crecimiento salvaje!

Posición 7

Deje que se activen sus lados creativos y esté abierto a los estímulos que le aportan los demás. Asuma estas ideas y pensamientos, represénteselo todo de forma plástica y deje que esos impulsos tomen cuerpo. Sea consciente de los valiosos cambios que lleva consigo el tema de su consulta y asuma que delante de usted se extiende un fructífero campo.

Posición 3

Se ha dejado guiar por el deseo de prolifera-ción, metamorfosis o renovación. Anhela el cre-cimiento y es creativo. Puede que haya sido demasiado codicioso, que se haya perdido o extraviado entre una pléyade de posibilidades y que se vea arrollado por la evolución de los acontecimientos.

Posición 6

Despliegue su fuerza creativa, su espíritu emprendedor, su vitalidad. Enfréntese a su plan con frescura interior. Abra su enorme corazón y deje a su impulso creador, a sus deseos, sueños y fantasías, el espacio que necesitan para des-plegarse en toda su exuberancia e ir adquirien-do forma poco a poco.

III

Posición 4

Ha actuado de forma activa, con creatividad. Ha demostrado que está a favor de los cambios e innovaciones, o se ha mostrado desde su lado maternal. La carta de la posición 5 puede indi-carle si ha guardado la justa medida.

Posición 5

Demuestre que es fecundo y está dispuesto a acomodarse a los cambios y a aceptar impulsos y estímulos. Demuestre que es creativo y que está lleno de ideas, que posee una fuerte voluntad de vivir y que aplica toda su vitalidad en el asunto.

IV El Emperador

Correspondencia astrológica

Sol en Capricornio en sentido de responsabilidad, orden, seguridad, estructura, continuidad y perseverancia.

Imagen mitológica

Los patriarcas Abraham, Isaac y Jacob

Correspondencia del I Ching

7 Shih / El ejército

El Emperador simboliza el elemento estructurante, nuestra exigencia de estabilidad, seguridad y continuidad. Muestra nuestro afán de independencia de los condicionamientos impuestos por la naturaleza, en toda su impredecibilidad. De este modo se corresponde con nuestro impulso civilizador que nos hace construir casas, calefacciones e instalaciones de aire acondicionado para protegernos del calor, del frío y la humedad, coches y aviones para superar las distancias con más rapidez y comodidad que a pie, y escuelas para garantizar el nivel de educación. El hecho de que aquí se peque a menudo por exceso no debe impedirnos valorar en justicia los lados positivos de esta carta, con frecuencia tan denostada. El Emperador simboliza tanto nuestro sentido del orden, la austeridad, la disciplina, la responsabilidad y el comportamiento pragmático como sus exageraciones en forma de testarudez, apatía, perfeccionismo, sed de poder y férrea ejercitación de la autoridad.

En el terreno profesional, esta carta significa que lo que más nos importa es el orden y realizar los deseos, prerrogativas y planes largamente alimentados. El Emperador significa conceptos claros, disciplina, perseverancia, determinación y la voluntad de asumir responsabilidad. Se trata de trabajo duro en el que no se nos regala nada o casi nada y cuya conclusión satisfactoria depende completamente de nuestra pericia.

En el ámbito de nuestra conciencia, el Emperador representa que agudizamos nuestro sentido de la realidad y que procedemos de forma pragmática, metódica y austera. En este punto, un concepto que hasta entonces pudiera ser caótico, se estructura y recobra transparencia. Los planes y deseos van cobrando forma paulatinamente y pueden realizarse una vez

verificados críticamente. A un nivel más profundo, esta carta puede significar el conflicto con las diversas caras de la imagen del padre: en su papel de procurador del alimento y garante de la seguridad, o en el muy distinto de la persona que exige disciplina y sometimiento y que es frío e inalcanzable en su distancia.

En nuestras relaciones personales, esta carta representa una época en la que consolidamos nuestros lazos de unión, pudiendo conferir a esta última un marco sólido y estable. El lado austero y crítico del Emperador también puede adoptar un carácter desilusionador. Además, la severa tendencia de esta carta hacia la mayor seguridad posible implica el peligro de una excesiva rigidez o estrechez en nuestra vida de relación.

Posición 2

Usted ha procedido de forma sobria, pragmática y metódica. Ha desarrollado un concepto claro y quisiera que sus deseos e ideas se convirtiesen ahora en realidad. Si hasta ahora quizá no lo ha conseguido de manera suficientemente satisfactoria, tal vez sea porque ha sido demasiado crítico o por haber estado demasiado preocupado de su seguridad.

Posición 7

Agudice su sentido de la realidad y proceda con disciplina y método. Primeramente ponga orden en su plan para que el hilo maestro pueda reconocerse con facilidad. No se deje seducir por especulaciones demasiado alocadas y expectativas demasiado atrevidas; continúe siendo objetivo, y aplíquese consecuentemente a lo factible.

Posición 3

Sabe dominarse bien y se enfrenta a su plan con realismo y objetividad. Su forma crítica de ver las cosas debería haberle aclarado las posibilidades y riesgos que existen. Tenga cuidado de que su sobria visión no le convierta en un perfeccionista carente de fantasía, y confirme la veracidad de su enfoque con ayuda de la carta de la posición 1. Quizá debiera ser un poco más flexible interiormente.

Posición 6

Debería actuar con aire templado y pragmatismo; sea constructivo, pero compruebe el grado de viabilidad real de sus deseos e ideas. Si la carta de la posición 1 también le permite considerar prometedores sus planes, debería trabajar férrea y consecuentemente en pos de su realización. En otro caso debería aceptar reveses.

IV

Posición 4

Da la impresión de ser templado, quizá incluso férreo y reservado. Hasta ahora se ha mostrado muy realista y ha perseguido su objetivo con perseverancia. Puede que haya dado una apariencia demasiado autoritaria, demasiado dura o demasiado formal.

Posición 5

Muestre su inteligencia práctica y su disposición a aceptar responsabilidad. Aparente ser disciplinado y objetivo. Proceda con independencia y método, imponiendo primero orden y claridad o integrando opiniones o corrientes contradictorias, para realizar luego su plan con perseverancia no exenta de flexibilidad.

V El Sumo Sacerdote

Correspondencia astrológica

Sol en Sagitario como heraldo y
enseñante de valores religiosos

EL SUMO SACERDOTE

Imagen mitológica

Quirón, el centauro sabio y amigo
de los hombres; maestro y edu-
cador de muchos héroes

Correspondencia del I Ching

45 Ts'ui / La Reunión

El Sumo Sacerdote simboliza el mundo de la fe
y una profunda confianza que emana de la certidumbre de la fe. En la antigüedad era considerada una de las tres cartas protectoras del
Tarot[8], que determinaban de forma casi siempre
propicia la evolución de un asunto. Esta forma
de pensar es coherente, ya que los poderes de
la fe que expresa se refieren tanto a nuestra fe
en nosotros mismos como a la fe en un sentir
profundo de nuestra vida personal y a la fe que
de ello se deriva para nuestro futuro. Además,
esta carta muestra el camino de la ética y la virtud y simboliza los principios personales que
surgen de nuestros valores morales fundamentales.

En el terreno profesional, esta carta significa
que tenemos que vérnoslas con cuestiones de
sentido que superan con mucho los temas profesionales cotidianos de seguridad, éxito, méritos y
reconocimiento. El Sumo Sacerdote simboliza la
búsqueda de contenidos más profundos, de
tareas que satisfacen, de auténtica vocación. Al
mismo tiempo, esta carta puede remitirnos a
situaciones particulares en las que se nos exige
que en nuestra actuación comercial nos man-
tengamos fieles a nuestros principios morales y
que no nos involucremos en sucias maquinaciones.

En el ámbito de nuestra conciencia, el Sumo
Sacerdote indica que nos ocupamos de cuestiones relacionadas con la búsqueda de sentidos, y
que sometemos a prueba nuestros principios de
fe y nuestros conceptos de los valores. Los
hallazgos objetivos no nos interesan tanto. Al
contrario: el Sumo Sacerdote encarna precisamente el nivel de nuestra experiencia de fe personal extremadamente subjetiva que se sustrae
a una verificabilidad general, sin perder por ello
significado o veracidad. Esta carta también sim-

boliza una fuerte agudización de nuestra capacidad de juicio moral con la que discernimos
los criterios del ·bien y del mal·, y profundas
experiencias religiosas que modifican nuestra
vida.

En nuestras relaciones personales, el Sumo
Sacerdote indica que nos encontramos en una
fase en la que crecen la confianza mutua y el
afecto, en la que crecemos en ideales de relación y en la que los valores morales y las virtudes personales se hacen determinantes para
nuestro comportamiento en pareja. Al nivel de
los acontecimientos, esta carta simboliza nuestro deseo o nuestra intención de casarnos.

Posición 2

Hasta ahora ha considerado el asunto consultado desde un aspecto marcadamente idealista y estrictamente moral, depositando gran fe en su evolución. Si a pesar de todo tiene motivos para cuestionar sus criterios, debería preguntarse si se había pronunciado con demasiada subjetividad, demasiada superioridad o demasiada buena fe.

Posición 7

Deposite toda la fuerza de su fe en la consecución de su plan. Puede estar seguro de que evolucionará positivamente si permanece fiel a sus principios morales y no choca con los valores éticos generales.

Posición 3

Se ha dejado guiar por la fuerza de su fe y ha actuado honradamente y de buena voluntad. Vea la conducta interior que le propone la carta de la posición 6. ¿Podría ser que sus sentimientos no hayan sido del todo auténticos y su conducta haya sido un tanto farisea?

Posición 6

Pregúntese si se siente llamado a su proyecto. Deje madurar su fe hasta que se convierta en una certeza serena, profundamente interna. Con esta postura logrará alcanzar su meta si permanece fiel y no se deja conmocionar en sus ideales y principios morales.

V

Posición 4

Hasta ahora ha dado una impresión digna, respetable y merecedora de confianza, no dejando el menor asomo de duda sobre sus buenas intenciones. ¿No será que esta postura sólo fuera fingida y que hayan rechazado con recelo su apariencia santurrona y llena de unción?

Posición 5

Adopte una actitud presidida por la confianza. Lo que quiere decir lo siguiente: regale confianza y se ganará la confianza de los demás. Defienda sus ideales, muestre su convicción y su fuerza moral, y si la situación lo exige, sea ejemplar y participe plenamente, como un buen maestro.

VI Los Enamorados

Correspondencia astrológica

Venus/Júpiter como expresión del supremo amor, y Venus/Marte como la decisión adoptada con amor

Imagen mitológica

La diosa del amor Afrodita personificada por el lucero del alba; Inanna y Venus y su analogía masculina armada de arco: Eros, Amor y Cupido. O Paris, que tiene que decidirse entre Hera, Atenea y Afrodita

Correspondencia del I Ching

8 Pi / El Mantenerse Unido

Esta carta enlaza dos temas. Apunta una gran experiencia amorosa, pero al mismo tiempo nos hace ver que este paso lleva asociada una decisión necesaria: la renuncia al marco que envolvía nuestra vida anterior (la casa paterna, la existencia de célibe, los muchos amoríos) y la clara adhesión al amor único. Éste es el único paso que conduce a la grandiosa experiencia que muestra Los Enamorados. Ésta es la razón por la que antiguamente a esta carta se le llamaba «La Decisión». También puede indicar decisiones necesarias que poco o nada tienen que ver con el amor. En algunos casos significa que debemos decidirnos de todo corazón, sin rencor y sin que tengan que dejarnos todas las puertas y resquicios abiertos. Sólo el trasfondo de la pregunta consultada permite discernir cuál de los dos campos temáticos predomina en esta carta. En cualquier caso significa el gran «sí» pronunciado sin reservas.

En el terreno profesional, el centro de gravedad de la carta se sitúa en el ámbito de las decisiones. Indica que debemos llegar a una clara toma de posición después de considerar y sopesar todos los hechos con los que contamos, toma de posición que será determinante y guiará nuestro comportamiento posterior. Podría tratarse de decisiones con las que cambiamos nuestra orientación profesional o mediante las cuales nos decidimos por un nuevo puesto de trabajo, un nuevo campo profesional o un determinado proyecto. Esta carta no indica ineluctablemente algo nuevo. También puede significar que eliminamos reservas interiores y realizamos profesión de fe clara y sin reservas a nuestra profesión actual.

En el ámbito de nuestra conciencia, Los Enamorados simboliza que somos conscientes de nuestras posibilidades, que sólo alcanzamos experiencias profundas y que nos superan a nosotros mismos cuando nos imponemos barreras consecientemente y nos confesamos sin reservas adeptos a una elección previamente tomada. Nos damos cuenta del gran autoengaño que subyace a la denominada «multiple-choice-society»[9], que cree poder satisfacer todas las expectativas de felicidad manteniendo abiertas el mayor número de alternativas posibles, y que por encima de todo confía siempre en que lo mejor está todavía por venir. La decepción del rostro no es una prueba de que se carecía de la posibilidad «correcta», sino que es expresión de una vida insatisfecha, por superficial y pusilánime, en la que faltaba el valor y la voluntad de una determinación inequívoca. Sólo cuando pugnamos por una resolución de libre compromiso y la defendemos, encontramos el camino hacia una vida de experiencias profunda y gratificante.

En el terreno de nuestras relaciones personales, esta carta simboliza un gran amor que nos turba y recorre en lo más íntimo de nuestro ser. Tiene poco que ver con el estado de enamoramiento, del que Erich Fromm dice con razón que a lo sumo es una escala de medida de nuestra soledad pasada[10]. La carta también puede indicar una nueva unión o significar que nuestra gran suerte ha de encontrarse aquí y ahora en nuestra relación de pareja actual. El importante carácter decisorio de esta carta deja claro que estas fuentes de regocijante experiencia sólo se abren cuando nos «limitamos» voluntariamente y afirmamos de todo corazón querer recorrer ese camino con una determinada persona. Probablemente cualquiera estaría dispuesto a dar ese paso si acabara de encontrar a la mujer de sus sueños o a su príncipe azul. Esta carta nos desafía a poner fin a nuestro autoengaño y a reconocer que esas figuras soñadas no se encuentran nunca en su integridad, sino que quizá se ocultan en nuestra propia pareja, aguardando y esperando ser descubiertas definitivamente. El camino que nos lleva a las demás personas se llama la Decisión.

Posición 2

Hasta ahora ha contemplado el asunto desde una agradable atalaya y ha contado con el gran amor. Eche un vistazo a las perspectivas que le presenta la carta de la posición 1. Si está dispuesto a recorrer este camino, debería abandonar todos los reparos y decidirse abiertamente a ello.

Posición 7

Reconozca que la situación le exige una decisión clara y que en ella se encuentra la clave para una satisfacción profunda. Si tomar decisiones no es su punto fuerte, debería saber que una decisión errónea siempre es mejor que ninguna.

Posición 3

Usted se ha prometido la satisfacción o el gran amor. Al menos ha puesto todo el alma en el asunto. Quizá ya haya intuido que por cuanto a usted concierne lleva emparejada una importante decisión. Las cartas de las posiciones 1 y 6 podrán darle pistas concluyentes al respecto.

Posición 6

Se encuentra ante una disyuntiva, y la dirección que tome ahora puede ser determinante para su vida posterior. Aproveche esta gran oportunidad y adopte una decisión valiente. Tenga fe en que su decisión es correcta sólo por el hecho de haberla tomado sin reservas y no vuelva a cuestionarla. Diga «sí» de todo corazón.

VI

Posición 4

Ha mostrado sus profundos intereses, tal vez incluso sus profundos sentimientos. ¿Ha expresado también de forma convincente que está dispuesto a renunciar sin reservas a las alternativas y a abandonar su entorno anterior o su antigua forma de vida?

Posición 5

Afronte su plan con todo su amor. Diga «sí» sin limitaciones. Deje aflorar sus sentimientos y no oculte su decisión de dejar todo y estar abierto a partir de ahora sólo a esa única persona. Muestre que es valeroso y decidido, que no se deja intimidar por las crisis y decepciones, y que, por el contrario, es precisamente en esos momentos cuando más decidida es su actuación en defensa de su plan.

VII El Carro

El CARRO

Imagen mitológica

La partida del héroe solar, pero también su caída; los hijos de los dioses y héroes: Faetonte, Ícaro y Belerofonte, que monta al caballo alado Pegaso

Correspondencia del I Ching

4 Meng / La Necedad Juvenil

El Carro simboliza el gran salto hacia adelante. Indica que nos liberamos del entorno conocido y emprendemos nuestros propios caminos. Las fuerzas motrices de este salto son las ansias de libertad, la ambición, la búsqueda del paraíso perdido o simplemente nuestro deseo de notoriedad. El Carro es la única carta del Tarot que simboliza la partida plena de confianza y alegría. En todos los demás casos, la despedida está marcada por sentimientos de gravedad y angustia. Sin embargo, aquí se trata de un impulso intrépido y resuelto que nos empuja hacia adelante, de afán emprendedor y gran disposición al riesgo. Esta carta indica una gran destreza (se guía el Carro), pero al mismo tiempo inexperiencia (se entra en un mundo desconocido). Por esta razón, también debe entenderse como una advertencia para no sobrevalorar las fuerzas propias y para no actuar con un exceso de euforia y confianza en los propios recursos. Por el contrario, tendríamos que darnos cuenta a tiempo de que todavía tenemos mucho que aprender.

En el terreno profesional, el Carro significa que hemos dado un paso de considerable importancia hacia adelante; incluso podría tratarse del decidido paso hacia la independencia. Simboliza nuestro afán de éxito, nuestra capacidad y disposición para imponernos, nuestro atrevimiento y nuestro gusto por el riesgo. El Carro simboliza tanto el inicio confiado y optimista de una nueva carrera como la asunción de tareas de mayor envergadura y responsabilidad. Indica que estamos en la estela del éxito, pero al mismo tiempo es una advertencia ante la falta de atención y la sobrestimación de nuestras posibilidades.

En el ámbito de la conciencia, el Carro simboliza una conciencia de la propia personalidad fuerte pero todavía novel, el desprendimiento de todo el acervo de ideas heredado, la elaboración de una visión del mundo propia y a nuestra medida y el osado paso hacia la superación de los problemas más difíciles. Frecuentemente se trata de superar contradicciones internas, como el abismo existente entre el sentir y el pensar, entre la voluntad y el instinto, entre el deseo y la realidad.

En nuestras relaciones personales, esta carta puede apuntar el comienzo de una nueva unión, que a veces trae consigo la alegre separación de un entorno pasado con el que estábamos familiarizados. Pero también puede significar «el soplo de vientos nuevos» en el seno de una relación ya adulta, que eliminará viejos síntomas de cansancio y trastocará sobreentendidos y rutinas adquiridas.

Posición 2

Ha adoptado un punto de vista atrevido y se ha acercado con confianza al asunto. Se ve a sí mismo en una situación de partida y le gustaría dejar atrás los viejos asuntos. ¿No habrá sido un poco precipitado e irreflexivo y habrá sobrevalorado sus capacidades?

Posición 7

Afronte con decisión y con la mirada puesta en la meta la solución de su problema. Libérese de concepciones y puntos de vista anteriores y muy familiares, sobre todo de las opiniones de los demás, e intente ver el asunto bajo una nueva óptica adecuada a sus necesidades. Reconozca que tiene que transitar nuevos caminos.

Posición 3

Ha actuado con mucho valor y placer por el riesgo; a veces quizá de forma un poco temeraria y arriesgada. Su confianza y seguridad le han sido de gran valor. Pero probablemente la carta de la posición 6 le exigirá refrenar un tanto su ritmo, su euforia.

Posición 6

Levante el ánimo. Libérese de viejas costumbres y del entorno con el que está familiarizado. Ponga todo patas arriba; recorra su propio camino con la vista puesta en la meta y sin arredrarse ante nada. Con el tiempo superará todas las adversidades, los conflictos internos y los intereses y puntos de vista divergentes. Alégrese de lo nuevo y lo desconocido que le aguarda.

VII

Posición 4

Ha dado la impresión de ser combativo, ambicioso y consciente del éxito. Ha dado sensación de atrevimiento y seguridad en sí mismo. Se ha desembarazado de viejas cargas inútiles. Tal vez haya apostado demasiado fuerte, y ¿no ha provocado a los demás con su conducta bastante desconsiderada?

Posición 5

Dé una apariencia convencida y segura de sí mismo. Muestre su capacidad de imponerse y su rectitud de miras. Dé a entender claramente que es lo suficientemente reflexivo como para reconocer los obstáculos como tales y para contar con que se presenten ciertos reveses. Pero muestre también que, en último término, nada podrá hacerle desistir de recorrer hasta el final el camino emprendido.

VIII La Fuerza

Correspondencia astrológica

Leo en sentido de afirmación de la vida, vitalidad, orgullo, afán y pasión.

Correspondencia del I Ching

26 Ta Ch'u / La Fuerza Domesticadora de lo Grande

Imagen mitológica

Las diosas que montan desnudas sobre un león: Hebe, esposa del dios hitita de las tormentas; Heba, esposa de Heracles. O la gran diosa babilónica Ishtar, que lleva las riendas del toro celeste para guiarlo hacia Urduk, la ciudad de Gilgamesh; la ninfa griega Cirene, que doblega sin armas al león.

La carta de La Fuerza está emparentada en cierta medida con El Mago (I). De forma similar, la extraordinaria potencia de esta carta también está basada en el secreto de una profunda armonía interna. Si el gran poder de influencia del Mago estaba basado en la conciliación armónica de las fuerzas conscientes e inconscientes, la fuerza vital, el valor y la pasión de esta carta son expresión de la reconciliación del hombre civilizado con su naturaleza animal. En la mitología, esto se ilustra de forma sobrecogedora con la amistad existente entre Gilgamesh y Enkidu, acérrimos enemigos en el pasado. Esta carta explica que nuestra meta no puede ser ocultar nuestra naturaleza instintiva tras una pálida virtud, sino más bien el enfrentarnos abiertamente a las fuerzas arcaicas que nos vivifican y nos atemorizan a un tiempo, para domesticarlas paulatinamente por la aceptación amorosa y la fuerza serena. De manera que no solamente disponemos de estas fuerzas primigenias, sino de todas las reservas que hasta ahora habíamos malutilizado en reprimir estos instintos.

En el terreno profesional, esta carta significa que nos dedicamos a nuestras tareas con plena energía y auténtica pasión. Indica el valor y el afán emprendedor que podemos desplegar cuando estamos físicamente pletóricos, y que acometemos nuestro plan para notar con satisfacción cómo el fluir de nuestras fuerzas nos va penetrando. De manera que esta carta indica una fase de extraordinaria fuerza creativa y gran motivación, además de alegría y éxito.

En el ámbito de nuestra conciencia, la Fuerza es un símbolo de una metamorfosis importante que se explica por el simbolismo que le atribuye la Alquimia. En ella el león rojo es el medio por el que las sustancias inferiores se transmutan en oro. Trasladándolo al hombre, significa que nuestra tarea consiste, no en anatematizar o negar las fuerzas marcadas a fuego como instintos inferiores, sino en «levantar» la enemistad que existe entre nuestra conciencia civilizada y nuestra naturaleza animal, y levantarla en el triple sentido de la palabra: 1) en el sentido de «interrumpir, suspender» esta enemistad; 2) en el sentido de «reservar, conservar» estas fuerzas para mantenerlas vivas, y 3) en el sentido de «alzarlas» a un nivel superior en el que ya no combatirán como contrarios, sino que se aliarán en una fuerza conjunta imbatible.

En el terreno de nuestras relaciones personales predomina el aspecto pasional de esta carta. Simboliza por tanto las relaciones caracterizadas por una gran vitalidad, un temperamento ardiente y, a veces, por un comportamiento dramático. Por regla general, las uniones de esta naturaleza son un refugio de la fuerza; uniones de las cuales obtenemos mucha energía para nuestra vida cotidiana y, sólo en casos contados, el dramatismo destructivo de la relación entre Carmen y su idólatra Don José.

Posición 2

Es consciente de su fuerza, sabiendo también que para su proyecto necesita mucha energía, valor y disposición al riesgo. Parte de la suposición de que lo conseguirá si aplica a ello todas sus fuerzas. Sólo deberá desistir de su plan si en la posición 7 aparece la Muerte (XIII) o el Diez de Espadas. Todas las demás cartas le indican hacia dónde debería dirigir próximamente sus fuerzas.

Posición 7

Reconozca que está pisando un terreno de la Fuerza que, por una parte, le exige toda su atención y todo su dinamismo e iniciativa, y por otra, le da mucha energía, vitalidad y gran energía potencial interna. Afronte su plan con atrevimiento y osadía, consciente de sus fuerzas, y cuando las cartas de las posiciones 1, 5 y 6 también sean alentadoras, podría lanzarse a una auténtica aventura.

Posición 3

Su plan le agita interiormente y le hace preso de una auténtica pasión. Le gustaría tener valor para demostrar todas sus fuerzas y su impulsividad, para agotar su entusiasmo y su afán. La carta de la posición 6 puede indicarle cuál es la mejor forma de emplear la gran fuerza de sus sentimientos.

Posición 6

En este asunto deje que sus pasiones se desfoguen en un enorme incendio. Afronte su plan con vigor y auténtico coraje de león. Disfrute el placer que le depara experimentar sus propias fuerzas. Sea salvaje e indomable allá donde se lo exija el momento.

VIII

Posición 4

Ha mostrado sus puntos fuertes y da sensación de orgullo, valor, afán emprendedor, y quizá también de una fuerte agitación o de ser invencible. Si eso expresa su actitud interna, nada podrá impedirle alcanzar la meta. Pero si sólo ha estado haciéndose pasar por fuerte, debería modificar su actitud rápidamente hacia el significado de la carta de la posición 5.

Posición 5

Muestre su valor, su fuerza de voluntad, su orgullo, y también que en el asunto consultado se halla dispuesto a luchar como una leona. Afronte su plan con ganas y pasión, confiando en que esta vez será invencible.

IX El Ermitaño

Correspondencia astrológica

Saturno en Acuario como el ansia de sabiduría y la preservación de la independencia

EL ERMITAÑO

Imagen mitológica

Néstor, el sabio consejero de Agamenón y otros héroes de la guerra de Troya

Correspondencia del I Ching

52 Ken / El Aquietamiento, La Montaña

El Ermitaño es la carta de la vida retirada y del recogimiento interior. Caracteriza fases introvertidas de la vida en las que nos protegemos de influencias externas para, apartados del ajetreo y de la multitud, llegar a la paz y sobre todo a nosotros mismos. Por ello el Ermitaño simboliza experiencias trascendentales en las que podemos reconocer qué somos, qué queremos y cómo llegar a ello. Reúne dos valiosos extremos: la profundidad de la experiencia vivida y la elevación del conocimiento adquirido. Muchas personas temen injustamente esta carta. Los miedos de la soledad y el abandono sólo aparecen cuando se malinterpretan las cualidades del Ermitaño. Quien siga con plena voluntad y disposición la llamada del Ermitaño se enriquecerá en claridad y fuerza y se encontrará con la gratificante experiencia de poder estar consigo mismo a solas.

En el terreno profesional, el Ermitaño simboliza una época de autorreflexión en la que clarificamos qué es lo que realmente queremos conseguir en el terreno profesional. Esto puede llevar a una inversión total de los valores de éxito, reconocimiento, prestigio, compromiso, dinero y campos de actuación. En cualquier caso, esta comprensión nos aproxima considerablemente a nuestras necesidades reales y a nuestra auténtica vocación. Con la claridad y unicidad de este reconocimiento va pareja, además de una gran firmeza de carácter, una profunda certidumbre interna, gracias a la cual podremos convertir en realidad paso a paso las nuevas metas impuestas. En algunos casos el Ermitaño representa el símbolo de la imagen profesional en sí misma, indicando que la seriedad, la tranquilidad, la circunspección y la soledad pueden conducirnos, en el marco de metas económicas modestas, a una satisfacción interior mayor que el participar con éxito en la sociedad de consumo.

En el ámbito de nuestra conciencia, esta carta significa que nos retraemos voluntariamente para acercarnos a nosotros mismos libres de la influencia de las opiniones de los demás. El Ermitaño significa por ello, con gran frecuencia, épocas en las que, por unos pocos días o durante unas vacaciones, buscamos el retiro para trabajar concentrados en un problema o una tarea o para aguardar en la vigilia más serena hasta que el conocimiento certero se revele por sí mismo. Estas épocas de quietud van acompañadas, a menudo con gran eficacia, por la ascesis, el ayuno, la meditación, el silencio o las prácticas espirituales. El resultado de tales experiencias es un gran incremento de la sabiduría de la vida, el valor y la fuerza.

En nuestras relaciones personales, ésta es una carta ambivalente, pues también puede significar el aislamiento dentro de una relación. Su significado principal radica también en la profunda comprensión y en la certeza de lo que para nosotros es auténticamente importante en nuestra vida de relación. Conduce con frecuencia a formas más maduras del amor, a la autolimitación voluntaria en favor de una vida en pareja vivida más profundamente. Puede significar también la sabia intuición de que una de las mejores premisas para una relación intensa radica en la capacidad de cada uno de los miembros de la pareja de poder estar igualmente solo.

Posición 2

Hasta ahora ha considerado el asunto en serio y con sensatez, intentando llegar a una postura clara. Tal vez también ha sido reservado y callado. Realmente es ahora cuando debería tener una auténtica certeza sobre su comportamiento futuro. A pesar de todo, la carta de la posición 7 podrá darle aún algún estímulo.

Posición 7

Libérese de las opiniones y apreciaciones de los demás, y llegue a su propia visión de las cosas. Proceda con concentración y minuciosidad y no deje que la menor sombra se cierna sobre su seriedad. Quizá pueda ayudarle a ello el recogerse durante un tiempo determinado. Permanezca reservado y firme a su carácter.

Posición 3

Es usted sensato y reservado. Quizá también haya llevado una vida recatada y modesta. O bien pudo disfrutar esa etapa de retiro interior encontrando placer en la soledad, o bien ha sufrido la soledad y se ha retirado abrumado por cavilaciones desesperantes.

Posición 6

Aíslese y recójase en sí mismo. Debe ir al fondo de las cosas para lograr una clara certidumbre interna sobre su conducta. Marque sus límites para no verse influenciado por los deseos e ideas de los demás. Busque la quietud, que es lo que mejor despierta en nosotros el sentimiento de dimensiones infinitas y nos puede llevar a perspectivas totalmente nuevas.

IX

Posición 4

Da una sensación prudente y modesta. Ha demostrado que persigue su plan con seriedad y concentración. Quizá también haya convencido por su inteligencia de la vida. O también puede haber dado una imagen de solitario, incluso de amargado, o de hombre estrafalario y persona solitaria y hosca.

Posición 5

Sea digno de fe y demuestre que en el asunto consultado sigue su propio camino con seriedad y autodisciplina. Si todavía no está seguro de su camino, debería buscar el retiro interior. Sea sobrio, ayune y medite hasta que su voz interior le indique la dirección correcta.

X La Rueda de la Fortuna

La RUEDA DE LA FORTUNA

Correspondencia astrológica

Saturno en su función de señor del tiempo y como preceptor

Imagen mitológica

La diosa del destino: Tique o Fortuna [derivado de vortumna = la que gira la (rueda) del tiempo]

Correspondencia del I Ching

50 Ting / El Caldero

Dependiendo de cómo nos enfrentemos a nuestro destino, experimentaremos la Rueda de la Fortuna o como expresión de nuestra impotencia y desamparo o como indicativo de una experiencia vital en la que podemos crecer y madurar. Al nivel de los acontecimientos, la Rueda indica con frecuencia situaciones sobre las que prácticamente no tenemos posibilidad de influir. El ímpetu de la Rueda significará entonces que nuestro plan no saldrá adelante. El tiempo, el tráfico, una huelga de controladores aéreos, los caprichos del destino o cualquier otra «fuerza mayor» arruinarán nuestros planes. La Rueda del Tiempo nos muestra entonces que (todavía) no ha llegado el momento de realizar nuestro proyecto. Las cartas de las demás posiciones pueden ser en este caso una valiosa pista de cómo podemos llegar al otro lado, al lado ascendente de la Rueda. Significa giros afortunados, agradables a la vez que sorprendentes.

En el terreno profesional, esta carta indica por lo general impotencia, y con bastante frecuencia la monotonía de la rutina homogénea. Pero es precisamente aquí donde la profunda comprensión de la carta exige intuir la significación que subyace realmente. El yugo que sentimos nos cansa, anulando nuestra disposición a tomar las riendas de nuestro propio futuro. De esta forma la Rueda apunta hacia grandes transformaciones que son inminentes y a cuya realización estamos fatalmente abocados. Cuanto mayor sea nuestra disposición a aceptar este destino, tanto mejor podremos modelarlo, experimentarlo como nuestra auténtica vocación y encontrar el lado de la Rueda que nos ayuda y promociona. Si las restantes cartas muestran que ya nos encontramos en el lado ascendente de la Rueda, podremos aprovechar el favor del momento y lograr éxito, promoción y otras ventajas. Pero si apuntan hacia el otro lado, el lado descendente de la Rueda, tendremos que abrirnos a una comprensión detallada de nuestra situación, para poder reconocer, detrás de un aparente fracaso, una pérdida o un despido, el camino hacia el que nuestro destino quiere conducirnos.

En el ámbito de nuestra conciencia, la Rueda del Destino significa que se nos exhorta a desarrollar la comprensión de las necesidades, a entender que la Rueda del Tiempo nos obliga constantemente a evolucionar, a crecer. Sin esta regularidad que, sólo en apariencia, radica fuera de nosotros, nos estancaríamos con facilidad en la comodidad. Pero la Rueda de la Fortuna nos enfrenta una y otra vez a experiencias que tenemos que superar para madurar con ellas.

En nuestras relaciones personales, nos vemos en esta carta frecuentemente expuestos al statu quo, ya sea porque no tenemos un compañero o porque vivimos en una relación problemática e insatisfactoria. También aquí hay que reconocer qué es lo que tenemos que aprender antes de que podamos contar con el gratificante giro hacia el lado ascendente.

Posición 2

Hasta ahora ha considerado el asunto consultado como algo sobre lo que apenas puede influir. Si acaso, ha confiado en el favor del momento que le pudiera facilitar la consecución de un logro. Si usted tiene una comprensión del destino más profunda, tal vez haya visto que todavía no era el momento de llevar a la práctica su plan, porque todavía necesitaba tiempo para conseguir una perspectiva más elevada.

Posición 7

Sea consciente de que la situación ante la que se encuentra le lleva al camino de su destino. No trate de forzar nada. Pero tampoco debe resignarse. La profunda comprensión de la importancia de esta experiencia es el camino más seguro para alcanzar el feliz giro y un nuevo crecimiento. En cuestiones cotidianas, esta carta significa: reconozca que todavía no ha llegado el momento de actuar.

Posición 3

Tiene la sensación de estar expuesto a los vaivenes de su vida experimental, y deposita sus esperanzas y sus temores en el poder del destino. Quizá ya haya notado que tras este sentimiento de primer plano se encuentra un conocimiento profundo del significado de su situación. Las cartas de las posiciones 1 y 6 pueden decirle si no ha llegado ya el momento de conformar más activamente y con mayor participación su camino futuro.

Posición 6

Sienta y experimente la importancia de la vivencia que se le presenta. Acepte su destino, su tarea, con voluntad de ánimo. Ése es el camino más seguro y más breve hacia el lado ascendente y prometedor de la Rueda. Si las cartas de las posiciones 1, 5 y 7 son positivas, debería arriesgarse a alguna especulación.

X

Posición 4

Con su comportamiento pasado ha demostrado que en este asunto no puede hacer nada, y que su bienestar y su suerte parecen depender de cosas sobre las que usted no puede ejercer ninguna influencia. ¿No puede ser que le ha resultado más cómodo ser fatalista en lugar de asumir la responsabilidad de la evolución de los acontecimientos?

Posición 5

Muestre en su conducta que tiene voluntad de enfrentar erguido su destino. No trate de desviarse con actuaciones innecesarias. En vez de eso, siga su camino paso a paso. Según C. G. Jung, la Rueda (como símbolo primigenio) expresa las virtudes de la constancia, la obediencia, la mesura, el sosiego y la humildad[11].

XI La Justicia

Correspondencia astrológica

Júpiter/Marte como capacidad de juicio, y Venus en Libra en sentido de juego limpio y ecuanimidad

L. JUSTICIA

Imagen mitológica

Las Horas griegas: Dice (Justicia) y Eunomía (Disciplina)

Correspondencia del I Ching

21 Shih Ho / La Mordedura Tajante, La Reforma

La carta de la Justicia concentra varios campos temáticos. Simboliza el conocimiento claro y objetivo para el juicio emitido consciente y decididamente, para la insobornabilidad, la ecuanimidad y el juego limpio, e indica que hallamos justicia. A nivel cotidiano, revela que experimentamos el mundo circundante como nuestro propio eco y que nos vemos enfrentados con las consecuencias de nuestro hacer, tanto en lo bueno como en lo malo: donde tengamos un comportamiento sincero y limpio, nuestras acciones serán reconocidas y recompensadas en consonancia; por el contrario, donde queramos conseguir ventajas por medios dudosos, fracasaremos. Así, esta carta expresa un alto grado de responsabilidad de nosotros mismos. Muestra que no se nos regala nada, pero que tampoco se nos niega nada, que somos los únicos responsables de todo aquello que recibimos y experimentamos.

En el terreno profesional, la Justicia significa por una parte que conseguimos claridad sobre nuestros asuntos y objetivos, y que, partiendo de este conocimiento sobrio y autocrítico, llegamos a un juicio más diáfano sobre nuestro modo de proceder futuro. Muestra además que podemos contar con ser tratados o enjuiciados con equilibrio y limpieza, pero que podemos experimentar fracasos cuando intentemos engañar, hacer fullerías o comportarnos sin sinceridad de cualquier otra forma. Por lo demás, esta carta significa también negocios limpios y su recompensa adecuada.

En el ámbito de nuestra conciencia, la Justicia indica que nos encontramos en una fase de desencanto y objetivación. Es una época en la que estamos sinceramente preocupados por crearnos una imagen clara y por encontrar una opinión libre de prejuicios sobre los problemas a los que nos enfrentamos. Para ello, lo decisivo no son nuestros sentimientos y percepciones, sino nuestro entendimiento, que funciona lógicamente.

En el terreno de nuestras relaciones personales, esta carta subraya sobre todo el principio de juego limpio y equilibrio. Sin embargo, no indica necesariamente distensión y sosiego, sino también frentes en los que se encalla y se toca fondo. Puede significar tanto equilibrio de fuerzas en el sentido de armonía, como el equilibrio del terror. Su interpretación principal en este terreno se encuentra en la imagen de la proporción correspondiente: «el eco que devuelve el bosque es tanto mayor cuanto más fuerte grita el hombre».

Posición 2

Hasta ahora se ha afanado en pos de un conocimiento diáfano, de un juicio objetivo. Para ello es consciente de que ha actuado con austeridad y ligado a lo objetivo. Debería haber llegado ya a un resultado concluyente. Pero, en caso de que no estuviera seguro de ello, lo más probable es que no haya sido suficientemente autocrítico.

Posición 7

Reconozca que lo único que importa en este asunto es su propio comportamiento y que es usted solo quien tiene toda la responsabilidad. Proceda de forma imparcial y sobria, no se preocupe de dar una imagen equilibrada y libre de prejuicios. Fórmese un juicio equilibrado y limpio, e impóngalo de forma decidida y consecuente. Después cosechará el fruto de lo que ha sembrado.

Posición 3

Ha confiado en la justicia y se ha preocupado por el juego limpio y la ecuanimidad. Pero tal vez también haya temido a la justicia y esté notando remordimientos de conciencia. En su interior sabe perfectamente que no debe hacer trampas; en último término se perjudica a sí mismo.

Posición 6

Libérese de prejuicios y júzguese también a sí mismo con severidad y autocrítica. Si intuye que probablemènte se verá enfrentado a consecuencias desagradables derivadas de sus comportamientos erróneos pasados, no debería desechar dichos sentimientos. Coja al toro por los cuernos y aclare el estado objetivo de cosas. Sea sensato y piense en el juego limpio; procure no perjudicar a nadie.

XI

Posición 4

Ha actuado con austeridad y sinceridad, despertando la sensación de que le importa mucho una solución equilibrada y honrada. Cuando las cartas de las posiciones 2 y 3 justifiquen este comportamiento, no deberá permitir que nadie le extravíe de su camino. En caso contrario, parece que se trata más bien de autojusticia y doctrinarismo.

Posición 5

Sea concienzudo, sensato y honrado. Demuestre que es usted insobornable y que no se deja arrastrar por decisiones y juicios precipitados. Despliegue toda su energía en favor de una solución sincera y adecuada. Esto significa a su vez que no debe traicionarse a sí mismo y venderse por un precio.

XII El Colgado

Correspondencia astrológica

Piscis indicando la víctima y la iluminación. Sol en la duodécima casa como cautividad y el retorno a la vida basado en la introspección profunda

El COLGADO

Imagen mitológica

Todos los héroes forjados o ahorcados: Prometeo en el Cáucaso, Odín en el Yggdrasil celta, Atis en el pino y Shemkasai en el cielo meridional como constelación de Orión. También Jonás en el vientre de la ballena

Correspondencia del I Ching

12 Pi / El Estancamiento

Visto superficialmente, el Colgado significa que estamos sujetos y en algún apuro o aprieto. No obstante, al considerarlo más profundamente, se observa que en la aparente inmovilidad de esta pasividad forzosa existe tanto la necesidad como la ocasión de llegar, mediante una comprensión honda, a una visión del mundo transformada y a un retorno a la vida. Como mejor se ilustra la pasividad a la que estamos condenados en determinadas fases, es mediante el símil de una enfermedad, que a menudo también queda expresada por esta carta. De la experiencia expresada por el Colgado dice C. G. Jung: «quedar suspendido también puede ser algo que debe valorarse positivamente, algo que por una parte significa una dificultad aparentemente insuperable, pero que por otra parte representa precisamente esa situación tan peculiar que exige el mayor esfuerzo y que por tanto obliga a saltar a la palestra al hombre en todo su ser»[12].

En el terreno profesional, esta carta significa primeramente un estancamiento y el consiguiente retraso, pero no una interrupción definitiva de nuestros planes. Los proyectos se paralizan, no se pronuncian los ascensos, la búsqueda de un nuevo campo de actividad se revela vana, los planes importantes no pueden realizarse. Con todo, la detención no suele llegar como una sorpresa repentina. Al principio se trata más bien de molestas pequeñeces que entorpecen nuestro camino, que nos enojan pero que, no obstante, no tomamos en serio. Sólo la suma de todas ellas ralentiza la evolución de los asuntos, deteniéndolos finalmente. Ni la tenacidad ni una actuación agresiva forzada demuestran ser efectivas. La única salida de la situación es la profunda intuición de que nos hemos descarriado. Las dificultades sólo se solucionan cuando se aúnan nuestra disposición a cambiar de forma de pensar y a reorientar nuestro aprendizaje. Para ello son precisamente las mencionadas pequeñeces que pasamos por alto las que nos pueden conducir a la intuición correcta.

En el ámbito de nuestra conciencia, esta carta expresa igualmente una crisis. Nos hemos quedado atascados en una idea fija y ahora tenemos que reconocer que no podemos salir adelante. Es en este ámbito donde estriba toda la grandeza de la carta. Con frecuencia se trata de una enfermedad o incluso de un periodo prolongado sin trabajo que nos abate hasta que estamos dispuestos a cambiar de forma de pensar y a encaminarnos a una nueva visión del mundo o a un entorno y a una esfera de actividad totalmente nuevos. Si reconocemos que estamos en un aprieto pero no vemos qué es lo que hemos hecho mal o qué es lo que tenemos que dejar, la única ayuda es la tranquilidad y el paciente mirar hacia adelante. Si hemos estado observando el problema el tiempo suficiente, surgirá indefectiblemente el conocimiento que nos aclarará lo que hasta entonces habíamos pasado por alto.

En nuestras relaciones personales, esta carta muestra a menudo su lado más opresivo. Estamos inmovilizados en nuestra situación particular, percibida generalmente como algo desagradable. Ya sea porque vivimos sin una relación fija, esforzándonos en vano por lograr una compañía digna de confianza, ya sea porque nos hemos enredado en una relación difícil e intentamos en vano desprendernos de ella. En cualquiera de los casos, lo indicado es lo siguiente: tenemos que cambiar nuestro modo de pensar y tratar de entender qué es lo que hemos hecho o interpretado mal antes de que el dilema se resuelva como por encanto.

Posición 2

Es consciente de que está inmovilizado y de que la realización de sus planes ya se ha retrasado considerablemente. ¿Se ha dado cuenta de que tiene que cambiar por completo su forma de pensar y aceptar un criterio al que hasta ahora no quería dar crédito bajo ningún concepto? Un estímulo adecuado para ello puede dárselo la carta de la posición 7.

Posición 7

Tiene que reconocer que se encontrará en un aprieto si no invierte su anterior forma de ver las cosas. Quizá ha sido demasiado precipitado. En cualquier caso, ha pasado por alto algo importante. Tómese tiempo y acomódese a una evolución aburrida de los acontecimientos. Que el asunto se resuelva finalmente de forma positiva depende completamente de su disposición a abandonar ideas fijas y a tomar una nueva orientación. Lo mejor es que aproveche la pausa que se avecina para meditar. La carta de la posición 1 le da una importante pista sobre la posible evolución.

Posición 3

Se siente preso o inerme, y percibe que está bloqueado y que su proyecto no avanza. Quizá se sienta ya demasiado cansado y agotado. Sólo podrá liberarse de este cautiverio si cede a un sentimiento que hasta ahora ha reprimido persistentemente. Una salida importante es la que le ofrece la carta de la posición 6.

Posición 6

Ha llegado el momento de un cambio de vida. El camino que ha transitado hasta ahora no puede seguir andándolo. Es un callejón sin salida en el que busca en vano una escapatoria. Frene sus impulsos antes de que sea demasiado tarde y usted mismo caiga en la trampa. Practique la paciencia; ahora no puede forzar nada. Haga de la necesidad una virtud y aproveche la próxima pausa para llegar a la paz interior. Lo que tiene que hacer se le revelará por sí solo.

XII

Posición 4

Se ve que está agotado, extenuado o enfermo. Sus actuaciones del pasado fracasaron, fracasos que tal vez le hayan hecho un poco abúlico y apático. A pesar de todo, no se deje «colgar». El Colgado le indica el camino hacia un autorreconocimiento más profundo, para lo cual debería tomarse su tiempo.

Posición 5

No oculte que está atascado, que está cansado o enfermo. Demuestre que está dispuesto a esperar hasta que las circunstancias y su posición hayan cambiado, y que básicamente también está dispuesto a dejar por completo su proyecto. Consiga una víctima. Dé algo que hasta ahora haya sido muy importante para usted en este asunto. Podría ser una concesión, el abandono de una vieja costumbre o incluso una víctima material. Puede que la carta de la posición 1 le diga más exactamente de qué se trata.

XIII La Muerte

L. MUERTE

Correspondencia astrológica

Saturno en la octava casa. El planeta del límite, la separación y la despedida en el campo del Morir para Ser

Imagen mitológica

Los hermanos Tánato (muerte) e Hipno (sueño), hijos de la noche (Nix)

Correspondencia del I Ching

59 Huan / La Disolución

La Muerte significa la despedida, el supremo desasimiento, el fin. De esta forma es a la vez precursora de lo nuevo, lo venidero; sin embargo, la carta en sí misma nos presenta ante nuestros ojos primeramente el final. A este respecto puede ser bueno si se trata de un final liberador largamente añorado, pero naturalmente también tendremos las experiencias más dolorosas en el tema marcado por esta carta. Por contraposición al Diez de Espadas, que indica el final arbitrario y asimismo prematuro, esta carta simboliza siempre el fin natural, y significa que ha llegado el momento de dejar algo. La Muerte es una de las cartas más temidas sin razón. Los optimistas impenitentes que no la comprenden la señalan únicamente como el anuncio de lo nuevo y quieren privarnos del placer de la profunda experiencia de la despedida y de las experiencias afirmadoras de la vida que lleva asociadas. «Hemos separado la vida de la muerte, y el intervalo que existe entre ambas es el miedo», dice Krishnamurti, quien añade: «No se puede vivir sin morir»[13].

En el terreno profesional, la Muerte significa en toda regla el fin de nuestra actividad actual. Nos exhorta a despedirnos de nuestras tareas o nuestro puesto y a vaciarnos interiormente para estar dispuestos a lo otro que nos aguarda. No deberíamos dirigir nuestra atención precipitadamente al futuro por cuanto a esta situación respecta, sino concluir en paz y armonía con el pasado y cuestionarnos si hemos cumplido lo que se esperaba de nosotros. Sólo así podemos desprendernos de este sentimiento de satisfacción.

En el ámbito de nuestra conciencia, esta carta significa que hemos llegado al final de un proceso evolutivo y que tenemos que abandonar nuestra antigua visión del mundo o incluso nuestra identidad pasada. Con frecuencia se trata de ideas, opiniones y convencimientos que no proceden realmente de nuestra auténtica esencia, sino que en el pasado los tomamos prestados de los padres, los educadores u otros paradigmas, y que frecuentemente hemos asumido sin criticarlos. Pero se trata también de perfiles fabricados por nosotros mismos y máscaras efectistas que ahora se arrancan para que la luz ilumine el verdadero rostro y pueda así desarrollarse. A un nivel más profundo, significa que obtenemos una nueva imagen de la muerte, quizá en el sentido en que la describe C. G. Jung: «La muerte no es, vista correctamente desde el punto de vista psicológico, un final, sino una meta, y por eso la vida comienza con la muerte tan pronto como se sobrepasa la altura meridiana»[14].

En nuestras relaciones personales, la Muerte significa que una fase evolutiva se acerca a su fin, lo que a menudo indica también la despedida de un compañero de andanzas. Aun cuando esta experiencia sea dolorosa, no podemos rehuirla. No debemos tratar de esquivar la despedida o darle forma escapando a la desbandada; porque el que huye se condena rápidamente. Por el contrario, deberíamos agradecer a nuestra pareja el tiempo que hemos pasado juntos y compartir con ella amistosamente el saludo de buenos deseos para su futura andadura.

Posición 2

En su pensamiento, ya ha concluido y dado por terminado el asunto. Ha entendido que ha llegado el momento de separarse. La carta de la posición 1 le indica si ya puede dirigirse hacia lo nuevo, y la carta de la posición 7 le dice cómo debe proceder en ese caso.

Posición 7

Reconozca que tiene que decir adiós. Sepárese de sus ideas y concepciones pasadas. Cuanto más clara e inequívocamente diga adiós, mayor será la rapidez y la facilidad con que adquirirá los conocimientos que le abrirán los ojos a las evoluciones venideras.

Posición 3

Ya se ha liberado interiormente del asunto y probablemente sienta todavía el dolor de la despedida. Esté agradecido por el tiempo transcurrido. La carta de la posición 6 le dice si debe seguir aguardando o si ya puede abrirse a lo futuro.

Posición 6

Debe abandonar profundamente en su interior sus deseos y anhelos anteriores. Diga adiós y pregúntese si ha cumplido satisfactoriamente lo que se esperaba de usted. En ese caso, a pesar del dolor, debería dejar que crecieran en su interior los sentimientos de satisfacción y de agradecimiento por lo bien cumplido. En caso contrario, deberá comprobar qué es lo que puede hacer todavía para que ese adiós definitivo sea claro y pacífico.

XIII

Posición 4

Se ha separado para seguir nuevos caminos. Pero todavía se halla en la fase de la despedida. Tómese el tiempo y la tranquilidad que necesita para cerrar verdaderamente su experiencia pasada. La carta de la posición 5 puede decirle hasta dónde ha avanzado ya en el asunto. La carta de la posición 1 le da una pista sobre qué es lo que puede esperar en el futuro inmediato.

Posición 5

Es el momento de demostrar sin malentendido posible que da por concluido el pasado y emprende nuevos caminos. Ponga fin claramente al asunto. Déjelo y abra los brazos para que lo nuevo le encuentre preparado y abierto. Despídase conscientemente, con el debido agradecimiento por las experiencias pretéritas.

XIV La Templanza

Correspondencia astrológica

Venus significando armonía, equilibrio

L. TEMPLANZA

Imagen mitológica

Némesis, diosa griega de la justa medida y guardiana del orden divino

Correspondencia del I Ching

15 Ch'ien / La Modestia

El significado de la carta de La Templanza se comprende mejor cuando la denominamos «la justa medida». Encarna el sano contrario de la carta que le sigue en el Tarot, el arcano XV, El Diablo, que representa la desmesura. Armonía, equilibrio, moderación y serenidad de alma son, por el contrario, rasgos que caracterizan a la Templanza. Por ello, esta carta indica la dichosa experiencia de estar sano y en equilibrio interior, de tratarnos bien y de gustarnos a nosotros mismos y estar conciliados armónicamente con nuestro entorno partiendo de dicha postura. Dependiendo del trasfondo de la pregunta consultada, esta carta significa curación y restablecimiento.

En el terreno profesional, significa superar con equilibrio y serenidad las tareas impuestas. La carta simboliza tanto un ambiente de trabajo amistoso y armónico como un ritmo de trabajo en el que nos encontramos tranquilos y libres, sin exigencias exageradas o demasiado exiguas. Los trabajos que en otros momentos son sinónimo de estrés y ajetreo pueden solucionarse ahora de forma distendida y tranquila. Este estado no tiene nada que ver con la holgazanería, la falta de interés, la lasitud o la negligencia. Por el contrario, se trata de la vigorosa paz desde la que se puede actuar eficazmente, con seguridad y adecuándose al objetivo marcado (como enseña, por ejemplo, el zen en el arte de lanzar las flechas).

En el ámbito de nuestra conciencia, la Justa Medida simboliza la conciliación armónica de cuerpo, alma y mente. Esto significa que nos reconciliamos con nosotros mismos, que armonizamos con el Todo Universal, que reposamos en paz interior, que nos gustamos y que hemos dejado atrás el exceso de celo ambicioso, la atormentada duda de nosotros mismos y la autoinculpación. Desde esta profunda experiencia podemos, de la forma más natural, sin ambiciones ni vanidades, crear paz, llevar a los demás a la felicidad y ser nosotros mismos un buen ejemplo.

En las relaciones personales, esta carta indica una fase pacífica de feliz armonía, encuentro amistoso y abierto y amoroso afecto. Esta experiencia sólo es posible en la serenidad. Las cualidades de esta experiencia no son la actividad superficial, el lucimiento y el encanto externo, sino la intimidad vivida internamente y la modestia placentera. Esta carta también puede anunciar nuevas y gratificantes relaciones.

Posición 2

Ha considerado las cosas con tranquilidad y serenamente y no se ha dejado extraviar por nada. Su atención se ha dirigido hacia el equilibrio. Tiene una postura pacífica y reconciliadora. Conserve esa conducta y compleméntela en el sentido que le indique la carta de la posición 7.

Posición 7

Considere el asunto en paz. Primero reconcíliese consigo mismo. Abandone toda disensión y envidia, toda duda mortificante y toda ambición enfermiza. Haga las paces consigo mismo y con los demás. Siga su camino con íntima satisfacción y con amistosa atención. No tiene usted nada que temer.

Posición 3

Hasta ahora ha vivido el asunto consultado con armonía. Ha estado tranquilo y liberado y ha conservado su paz espiritual. Trate de mantener ese sosiego y no se deje sacar de sus casillas.

Posición 6

Busque en el sosiego el camino hacia su justo medio y no se deje arrebatar su tranquilidad. Las imágenes son el alimento del alma, y la música, el agua que saciará su sed. Tómese el tiempo necesario y mímese hasta que esté feliz y satisfecho.

XIV

Posición 4

Actúa usted de forma amistosa, distendida y pacificadora. Incluso cuando realiza apariciones públicas ofrece un aspecto liberado y se siente en armonía con los demás. Conserve esta serena fuerza y compleméntela en el sentido que le indique la carta de la posición 5.

Posición 5

Muestre su esencia armónica, su alegría y su serenidad. Tómese tiempo. En su comportamiento evite cualquier forma de exageración, dramatismo o artificiosidad. Compórtese con sencillez, honradez y tacto. La benefactora tranquilidad que puede irradiar les dará fuerza a usted y a los demás.

XV El Diablo

Correspondencia astrológica

Plutón en su expresión del poder oscuro

EL DIABLO

Imagen mitológica

El tentador, el príncipe de las tinieblas, el ángel caído Shemkasai, Azazel, Helel, Samael y Lucifer, el lucero del alba caído, que se identifica con Satán; Judas el traidor

Correspondencia con el I Ching

36 Ming I / El Oscurecimiento de la Luz

De todas las cartas del Tarot, el Diablo es la de más difícil interpretación, como corresponde a su naturaleza, ya que presenta una cara distinta para cada persona. El rasgo común a la experiencia simbolizada por esta carta se cifra en la experiencia de independencia, falta de voluntad, fracaso de los buenos propósitos y modos de comportamiento que chocan con nuestras convicciones. El Diablo se corresponde con el lado oscuro de muchas cartas del Tarot: frente al Mago (I), es el mago que ejecuta magia negra. Forma parte del lado oscuro de la Suma Sacerdotisa (II); es el principio contrario, hipócrita y que rinde tributo al materialismo, del Sumo Sacerdote (V); es el lado de Los Enamorados (VI) arruinados por la lucha por el poder y la lascivia despiadada; la sombra sobornable o vanidosa de la Justicia (XI). Encarna la codicia incontenida de la Fuerza (VIII), la desmesura opuesta a la justa medida de la Templanza (XIV); es el soberano dominador de vastas partes del paisaje de la Luna (XVIII). Naturalmente, como tentador que es, el Diablo se nos aparece muchas veces en su aspecto de seducción. Esta carta indica que estamos jugando con fuego y que tenemos que prestar una atención diabólica (!) para no quemarnos los dedos. A un nivel más profundo, significa que al tratar el asunto consultado entramos en contacto con nuestro propio lado sombrío.

En el terreno profesional, el Diablo significa que nuestra fuerza moral, nuestros convencimientos y buenos propósitos son arrastrados por la tentación. Puede tratarse de posibles negocios en los que obtenemos un buen beneficio porque explotamos la buena fe o el desconocimiento de la otra persona. Pero también puede ser que se nos impongan tareas que choquen contra nuestros principios (armas, drogas, atentados contra el medio ambiente, etc.) y que, en caso de negarnos a cumplirlas, no tengamos más remedio que temer arriesgar el dinero fácil o nuestro puesto de trabajo. Naturalmente, también en este terreno el Dia-

blo es astuto y nos presta la «ayuda» suficiente para que tranquilicemos nuestra conciencia: el negocio sucio se disfraza de albas vestiduras; de repente presenta una apariencia benéfica, y los escrúpulos que nos quedan se disipan con la disculpa del verdugo: «si no lo hago yo, otro hará el negocio».

En el ámbito de nuestra conciencia, esta carta indica que aprendemos a conocer nuestro lado oscuro. Se trata de experiencias en las que tomamos conciencia de nuestra falta de libertad y de nuestra dependencia. Sólo raras veces se trata de obsesión, de servidumbre moral o de apetitos homicidas o de poder que pueden resultar casi fascinadores en su oscuridad. Por regla general se trata más bien de odiosas menudencias cotidianas, de lo mezquino, de los vicios privados de los que nos avergonzamos precisamente porque son profanos, y que, a pesar de todo, no podemos dejarlos: notoria falta de formalidad, absurdas mentiras vulgares, cleptomanía o sibaritismos, por mencionar unos cuantos. Al mismo tiempo, esta carta simboliza también las ideas fijas que perseguimos imperiosamente, o bien puede expresar una visión del mundo que nos hace sentir miedo del mal «que hay fuera», sin entender que lo que estamos haciendo es mirarnos en el espejo de nuestra propia alma.

En nuestras relaciones personales es donde el Diablo presenta su lado más «atractivo». Aquí sus prometedoras tentaciones son cosquilleantes, apasionadas y sensuales. Pero, en cualquier caso, esta carta también debe entenderse en este terreno como advertencia de que estamos jugando con fuego y de que tardaremos menos de lo que nos imaginaran en acordarnos de las palabras de Schiller: «la locura es breve; el arrepentimiento, prolongado». Además, esta carta puede indicar todas las infortunadas aberraciones de una relación, como la opresión y servidumbre psíquicas, la tiranía, la lascivia cruel y la mentalidad chantajista.

Posición 2

Sabe que en este asunto no es libre. O bien no ha tomado conciencia de que en su situación pasada se encuentra totalmente atado o enredado, o bien se halla hasta tal punto fascinado por su proyecto, que éste ejerce sobre usted una atracción mágica, aun cuando vaya en contra de sus principios. También puede ser que hasta ahora haya perseguido una idea fija o que haya estado obsesionado por un pensamiento.

Posición 7

Conciénciese de que se dirige hacia una experiencia en la que se pondrán a prueba sus fuerzas morales. Le ruego que no crea que ya conoce desde hace tiempo todos los riesgos. El Diablo no se esconde sólo en los detalles, sino casi siempre también donde menos esperamos.

Posición 3

Usted nota que está preso de una atracción inmensa, o que por otros motivos se encuentra atado en este asunto, sintiéndose incluso esclavo del mismo. Tiene la posibilidad de liberarse de esta situación. Primero clarifíquese al máximo sacando a la luz incluso las cosas más inconfesables, y siga consecuentemente el camino que le proponen las cartas de las posiciones 5 a 7.

Posición 6

Sea extremadamente precavido. Esta carta le indica que la tentación le arrastra. Si juega con fuego, debe tener indefectiblemente cuidado de no ir demasiado lejos. Puede caer fácilmente víctima de la desmesura, de una perversión del gusto o de algún tipo de dependencia, llegando incluso a ser extorsionable.

XV

Posición 4

O bien se ha comportado usted como el gran seductor o bien ha mostrado su lado malo; quizá alguien se haya dado cuenta de que en este asunto se encuentra enredado y de que no se siente libre de actuar según sus propias convicciones.

Posición 5

Muestre sus lados oscuros. Su proyecto le dará suficientes oportunidades de entrar en contacto con su parte sombría. Aproveche esta oportunidad para conocer los aspectos no integrados de su personalidad, aceptarlos y rescatarlos.

XVI La Torre

La TORRE

Correspondencia astrológica

Urano/Saturno como la repentina apertura de encostramientos

Imagen mitológica

El memento del rey Belsasar; o la castración del titán Kronos a manos de su hijo Zeus; la construcción de la torre de Babel, las trompetas de Jericó, la caída de Sodoma y Gomorra

Correspondencia del I Ching

51 Chen / Lo Suscitativo (La Conmoción)

La Torre indica que nos hemos encastillado en un entorno de pretendida seguridad que de repente comienza a tambalearse. Se trata en todos los casos de estructuras y dimensiones que se nos han quedado pequeñas y estrechas. Pueden resultar afectados tanto convicciones y principios vitales como nuestras especulaciones de seguridad en el ámbito profesional o económico, sin olvidar el de las amistades personales y otras relaciones humanas. En todos los casos la Torre simboliza un concepto que anteriormente nos había proporcionado una benéfica dosis de seguridad, incluso de alivio, pero que se nos ha quedado pequeña. Por lo general se trata de experiencias sorpresivas, a veces auténticos ramalazos de ingenio, que hacen derrumbarse el concepto antiguo. Dado que se trata de la hipotética base de nuestra seguridad, estos cambios repentinos se viven frecuentemente como catástrofes. Sólo cuando se ha superado el primer choque, notamos aliviados que nos hemos liberado de un peso muerto. Este desbordamiento puede verse desatado tanto por vivencias propias como por un suceso externo. El I Ching dice al respecto: «la tormenta con truenos y relámpagos supera la tensión perturbadora de la naturaleza».

En el terreno profesional, la Torre indica que somos arrancados de circunstancias estrechas o de un anhelo de seguridad demasiado rígido para desplegarnos más libremente en un entorno más vivo. Por lo general, el carácter trastocador y subversivo de esta carta se traduce en un despido que nos anuncian o que presentamos nosotros mismos. Esta carta también puede indicar el derrumbe de una empresa o, en casos menos graves, el repentino fracaso de firmes expectativas. Por amenazadora que nos pueda parecer nuestra experiencia inmediata, tan pronto como nos hayamos liberado de los escombros notaremos con un suspiro de alivio que hemos salido de una cárcel, aunque fuera una cárcel a la que estábamos acostumbrados.

En el ámbito de nuestra conciencia, esta carta indica acontecimientos súbitos, que pueden suponer una conmoción, que harán tambalearse o derrumbarán nuestras anteriores ideas y convicciones bien establecidas, e incluso nuestra visión general del mundo. A menudo se trata en primer término de intuiciones desagradables que podrían llevar mucho tiempo anidando en nuestro interior como presentimientos («malignos»), pero que habíamos podido reprimir con éxito. Ahora, al aflorar con violencia a nivel consciente, hacen añicos nuestras concepciones fijas, a veces forzadas; y el único resto de la idea de la seguridad que teníamos anteriormente es un montón de escombros. Con frecuencia, sólo retrospectivamente reconocemos que esta fase ha sido una irrupción hacia una visión de las cosas viva y realmente propia; la irrupción en la libertad, como la describe Krishnamurti en su libro[15]. Además, la Torre puede simbolizar una conciencia revolucionaria y una clarividencia repentina (un «grito de 'eureka'») de la solución a un problema que llevábamos mucho tiempo sin resolver.

En el terreno de nuestras relaciones personales, la fuerza explosiva de esta carta tiene con frecuencia, aunque no necesariamente, algo de destructivo. Indica la transformación brusca, bien en el caso de que nos hayamos anclado en exceso, bien en el caso de que, por un falso anhelo de seguridad, nos hayamos aferrado a una relación que, precisamente por ello, se había convertido en una cárcel. Pero también puede significar que después de habernos encerrado tras un muro de frialdad, rigidez e inaccesibilidad, nos vemos abiertos, súbita y profundamente conmocionados, incluso con miedo, a una relación.

Posición 2

En un pasado muy reciente, ha tenido revelaciones que han echado por tierra sus anteriores puntos de vista. Quizá estos cambios en su conciencia le hayan dejado totalmente desconcertado e inseguro. En esta experiencia vital, procure reconocer la manifestación esencial que le pueda conducir a una visión liberada. La carta de la posición 1 le indica la nueva perspectiva que emerge para usted, y la carta de la posición 7 puede indicarle si mientras tanto ya ha pasado la tormenta.

Posición 7

Convénzase de que sus estrategias anteriores eran equivocadas, de que estaba atrapado en la «torre de la falsa conciencia». Tiene usted una postura demasiado rígida, demasiado estrecha de miras, o cuida en demasía de su seguridad. Ábrase al rayo del conocimiento que le liberará de sus viejas estructuras. Haga dentro de usted sitio al conocimiento repentino y a las ideas extraordinarias, más incluso, si cabe, cuando le parezcan revolucionarias. No guarde luto por la pérdida de sus viejas concepciones después de que hayan sido destruidas. Llegará a una ideología nueva y refrescante.

Posición 3

Está preso de una agitación interna. Tiene sentimientos de pánico porque se han derrumbado sus muros protectores, que incluso podían ser su última posibilidad de refugio, y ahora se siente desvalido y proscrito a merced de los acontecimientos. Tenga fe en que todo lo que ahora experimenta, comprensiblemente, con una conmoción interna no es sino una gran irrupción hacia la libertad. Las cartas de las posiciones 1 y 6 le indican si pronto podrá disfrutar de este nuevo gozo de vivir.

Posición 6

Hasta ahora no ha actuado de forma correcta; no ha participado, escondiéndose y constriñéndose tras altos muros. Ahora ha llegado el momento de arriesgarlo todo. Debería estar preparado para los acontecimientos que vienen, que le dejarán inseguro y derrumbarán muchas de las cosas que hasta ahora le daban amparo y seguridad. Pero tenga la certeza de que tras los muros y fachadas derrumbados le espera la plenitud de la vida. Verá que lo que usted pretendía su protección era una cárcel; y, cruzando los escombros, pasará del frío a la auténtica y cálida vida.

XVI

Posición 4

Ha cedido el suelo bajo sus pies. Tal vez tuviera la impresión de que este derrumbamiento le arrastraría al abismo. Verá que, muy al contrario, se trataba de una irrupción hacia adelante en una dirección totalmente nueva, aun cuando por el momento tenga toda la apariencia de una catástrofe o del sumo fracaso. Si esta afirmación le parece paradójica, es posible que usted mismo haya sido el rayo que ha caído sobre los demás destruyendo las estructuras petrificadas. En ambos casos observe la carta de la posición 5, que le indicará si va a entrar en aguas más tranquilas.

Posición 5

Deje que estalle la bomba. Haga saltar por los aires las limitaciones: las de usted, y, si fuera preciso, las de los demás. No deje que sus propios anhelos de seguridad o los muros de protección ajenos le repriman por más tiempo. Adopte medidas enérgicas, conviértase en revolucionario corriendo todos los riesgos. No se arrepentirá por mucho tiempo de lo que pueda perder en el intento. Lo único que hace es cambiarlo por una mayor actividad y una libertad más intensa.

XVII La Estrella

Correspondencia astrológica

Júpiter en la decimoprimera casa significando confianza firme y perspicacia

L. ESTRELLA

Imagen mitológica

Biná o Sofía como el principio de la Suprema Razón o de los Siete Pilares de la Sabiduría; las sacerdotisas del oráculo de Isis.

Correspondencia del I Ching

61 Chung Fu / La Verdad Interior

La estrella es la carta de la esperanza, de la sabiduría y de la visión en las relaciones superiores. Simboliza cosas que planeamos o comenzamos que tienen gran proyección en el futuro y en cuya evolución favorable podemos depositar fundadas esperanzas. Con frecuencia, en este estadio temprano no somos todavía plenamente conscientes de la dilatada repercusión que tendrá nuestro actuar. Sólo mirando retrospectivamente, veremos con claridad cuáles son las teclas clave que pulsamos en las épocas caracterizadas por la Estrella. Al igual que sucede con la siembra, se necesita tiempo para poder reconocer la fructífera consecuencia de la acción. En la interpretación tradicional, la Estrella estaba considerada como una de las tres cartas protectoras[16] que auguraba un resultado positivo prometedor.

En el terreno profesional, esta carta significa que nos encontramos al comienzo de una actividad de grandes perspectivas. Esto puede indicar el reinicio de una carrera con muchas perspectivas o de otros proyectos con vocación de futuro. Los proyectos, negociaciones y preparativos para allanar el camino a un negocio prometen culminar con éxito y revelan tener gran futuro.

En el ámbito de nuestra conciencia, la Estrella indica que planificamos nuestro futuro. En este caso se trata de profundas introspecciones en situaciones superiores que nos permiten crecer por encima de la estrechez de nuestro horizonte inmediato. Es como si adoptáramos una perspectiva de pájaro que nos permite otear sobre los obstáculos que se amontonan y nos abre vastas expectativas a un futuro halagüeño.

En el terreno de nuestras relaciones personales, la Estrella indica encuentros muy prometedores y uniones llenas de buenos auspicios, estimulantes y con futuro. Las relaciones de pareja caracterizadas por esta carta tienen buena estrella.

Posición 2

Ha considerado el asunto con firmes esperanzas, otorgándole amplias posibilidades. Presupone usted que los pasos que ha emprendido permiten esperar buenos resultados y que tendrán gran importancia para usted en el futuro. Su perspicacia es muy útil. La carta de la posición 7 le indicará si debe seguir cuidando ese optimismo.

Posición 7

Abra los ojos y eche una mirada al futuro. Convénzase de que su proyecto tiene consecuencias agradables para el futuro que tal vez no pueda reconocer por el momento. Despéguese de la estrechez de sus puntos de vista anteriores y consígase una amplia perspectiva. Le dará confianza.

Posición 3

Interiormente ha apostado con plena confianza por la evolución positiva de su proyecto. Probablemente con la fuerza de esta confianza ya haya alcanzado algún logro. No obstante, repase la carta de la posición 1, que le advertiría en el caso de que estuviera concibiendo falsas esperanzas.

Posición 6

Puede usted desplegar toda su confianza y su optimismo. Su proyecto tendrá éxito y no ha de temer por su futuro. Deje que el asunto le dé alas. Desarrolle la sensibilidad para los procesos que llevan tiempo, para que su prometedora evolución no se vea enturbiada por una impaciencia inoportuna.

XVII

Posición 4

Ha actuado con optimismo, se ha mostrado circunspecto y ha dado a entender que no duda del éxito de su proyecto. Su efusión es una ayuda. Sin embargo, la carta de la posición 5 podría insinuarle otro modo de proceder.

Posición 5

Muestre su firme confianza y su fe en el futuro. Siga su camino lleno de esperanza, y, en este asunto, confíe en su buena estrella. Provéase de la perspectiva más amplia posible y comience a planificar con vistas al futuro. Su proyecto saldrá bien.

XVIII La Luna

Correspondencia astrológica

Luna en Escorpio como el saber oscuro que circunda los abismos del alma, o Sol en la octava casa como el descenso al mundo subterráneo

Imagen mitológica

El laberinto del rey Minos de Creta, o los viajes a los infiernos de Orfeo, Ulises, Heracles, Psique y Eneas

Correspondencia del I Ching

29 K'an / Lo Abismal, El Agua

La carta de la Luna nos conduce al ámbito misterioso de lo Oscuro y de la noche y al mundo simbólico del alma, a nuestros presentimientos, anhelos y sueños. El lado claro de la luna significa sueños románticos, fantasías vivaces y poderosa capacidad sensorial. Pero esta carta también presenta un lado oscuro, los abismos de nuestra alma. Simboliza miedos, inseguridad, pesadillas, oscuros anhelos, indicando el horror a lo Invisible, a lo Inexplicable. Sentimos estos miedos cuando transitamos de noche por un bosque apartado; de día lo cruzamos despreocupados, pero en la oscuridad nos infunde temor. O bien es el miedo a los demonios de siempre, que en nuestra ilustrada época reciben denominaciones nuevas: bacterias, virus, milirem, becquerel, aire contaminado de plomo, lluvia ácida.

En el terreno profesional, la carta de la Luna significa miedo e inseguridad en el puesto de trabajo, temores profundamente arraigados a suspender en exámenes, a no ser contratados o a no encontrar la profesión idónea para nosotros. Siempre tiene un aspecto fuertemente irracional: aunque nos convenzamos con la mayor tranquilidad de que no hay ninguna razón para sentir temor, el miedo permanece. La sensación de frío, la fiebre de candilejas o las premoniciones opresivas sólo pueden mitigarse, pero no hacerse desaparecer por encantamiento. Sus raíces son más profundas, y el síntoma al que se agarran no es la causa, sino el desencadenante. Por tanto no es posible superar estas angustias evitando una situación determinada. Nuestro miedo encontraría de inmediato otro síntoma, para medrar en él. Sólo el camino hacia las propias honduras, el camino que atraviesa el miedo, ofrece la perspectiva de sanar estos sentimientos en la raíz.

En el ámbito de nuestra conciencia, esta carta indica una gran oportunidad y un peligro de similar calibre. Se trata de un viaje a lo Profundo, que los mitos relatan muy expresivamente como la Nekeia, el viaje al infierno o el descenso al mundo subterráneo. Como más gráficamente se describen las horripilantes quimeras de nuestra alma es con la expresión «los hijos de la noche». Encontrarse con esos monstruos y vencerlos es la parada más ardua en todo viaje heroico y el mayor desafío de nuestra vida. El peligro de que hablamos acecha en el laberinto en el que nos extraviamos, en el bosque encantado en el que figuras pretendidamente bienintencionadas nos inducen a olvidar cómo nos llamamos, o en el alimento prohibido del Tártaro. Estas imágenes encuentran una dudosa correspondencia, por ejemplo, donde la terapia y la autoexperiencia no se aplican ya para mejor estar a la altura de la vida cotidiana, sino que se convierten en la finalidad en sí misma porque el mundo ficticio de un grupo de terapia es más soportable que el mundo real. Otro gran peligro es el juego banalizado con las potencias del inconsciente, que no sólo grandes espíritus tuvieron que pagar con el precio de la demencia. Las paradas y esfuerzos de este viaje los muestra la tirada mitológica denominada «El descenso de Inanna a los infiernos».

En el terreno de nuestras relaciones personales, esta carta muestra predominantemente su carácter soñador y romántico del que surgen nostálgicos sentimientos, sueños y castillos en el aire. Paralelamente, también tiene el significado de inseguridad y angustias. Puede simbolizar relaciones en las que tenemos que luchar contra los celos, la susceptibilidad o el miedo al desamparo. También indica la gran oportunidad de tomar conciencia de estas experiencias de la más tierna infancia y curarnos. Por supuesto, también puede significar que la relación que caracteriza es un sueño, la mayoría de las veces una pesadilla.

Posición 2

Está usted irritado y se enfrenta a su proyecto con inseguridad y miedo, o no ha podido hacerse una idea clara del asunto y teme que pudiera suceder algo inesperado. La carta de la posición 1 le indica qué es lo que tiene que esperar realmente; la de la posición 5, qué es lo que puede hacer, y la de la posición 6, cómo debería tranquilizar sus sentimientos.

Posición 7

Penetre en las honduras de su alma. En ella reconocerá dónde se hallan las raíces de sus inseguridades y miedos. De esta forma tiene la gran oportunidad de experimentarse a sí mismo y de disipar sus angustias vitales. También puede intentarlo con la intención paradójica[18], haciendo del síntoma de su angustia un propósito. (Por ejemplo, si tiene miedo de ruborizarse, vaya hacia la situación con el firme propósito de ruborizarse más que nunca. Esfuércese a más no poder por mostrar a los demás que es capaz de ponerse rojo como un tomate.) Se asombrará de dónde quedan sus miedos.

Posición 3

Concibe usted esperanzas, pero probablemente muchos más miedos y preocupaciones. Trate de no sortear estos «puntos débiles»; intente enfrentarlos. Ése es el primer paso para solucionarlos y para superarlos. La carta de la posición 6 puede indicarle cuál es la mejor manera de proceder para ello.

Posición 6

Siga el camino del miedo. Este miedo no es un indicativo de que debe abandonar su proyecto, sino al contrario: es un fiable guía que le conducirá a la meta. No se eche a un lado cuando sea presa del horror. Tampoco intente reprimir ni combatir este sentimiento. Manténgase firme y diga «sí» a su miedo. Se disipará.

XVII

Posición 4

Ha dado sensación de actuar con miedo, inseguro, preocupado y con demasiadas cavilaciones, o bien lleno de romanticismo, ensoñaciones y nostalgia. En cualquier caso, ha mostrado sus sentimientos, a veces incluso más de lo que usted cree.

Posición 5

Muestre su inseguridad, sus miedos y preocupaciones, y tome partido por sus sentimientos. Intente no farolear o sortear las cosas. Tenga la grandeza de mostrar también sus puntos débiles. Ganará con ello simpatía y comprensión.

XIX El Sol

Correspondencia astrológica

Sol en la quinta casa significando alegría de vivir, creatividad y placer lúdico

El SOL

Imagen mitológica

Los grandes dioses solares Ra, Helio, Sol y las potencias de la luz; o el encuentro y reconciliación de los hermanos distintos: Gilgamesh y Enkidu, Parsifal y Feirefis

Correspondencia del I Ching

24 Fu / El Retorno, El Tiempo del Solsticio

La carta del Sol es expresión del gran gozo de vivir, de vitalidad, calor y segura confianza. Simboliza también las fuerzas iluminadoras de la conciencia que nos otorgan transparencia y con las que superamos preocupaciones, irritaciones y miedos secretos. Además es símbolo de frescor juvenil y del sentimiento de ser como recién nacidos. Caracteriza el lado solar de la vida. A un nivel más profundo, nos desafía a superar la oscuridad que hay en nosotros, a desplegar nuestra naturaleza solar, a redimir a nuestro hermano o hermana oscuro llevándolos a la luz.

En el terreno profesional, el Sol significa que nuestro trabajo nos divierte y que sacamos adelante nuestras tareas con éxito, gran creatividad y fuerza creadora. Por otro lado, expresa calor y una sana conciencia propia frente a superiores, compañeros y socios, así como irradiación positiva y una transparencia convincente con las que defendemos nuestros deseos e ideas.

En el ámbito de nuestra conciencia, es donde a esta carta se le atribuye su significado más importante. Expresa el despertar, el florecimiento y la maduración de nuestra naturaleza solar, que puede equipararse al auténtico Yo. Aquí se engloban todos los atributos relacionados con este concepto: confianza en uno mismo, seguridad en uno mismo, conciencia de la propia individualidad moral y física, percepción del propio ser, personalidad propia y, en último término, la madura superación de todas ellas en forma de sabio desprendimiento. Este último atributo no debe confundirse con un síndrome de cooperación que, en su avidez por «ser usado», no es sino expresión de renuncia y huida de sí mismo. Esta irrupción hacia el Yo la ilustra Dürckheim con la paradójica pregunta de «Josef Müller»: «¿cómo logra pasar Josef por el

molinero?» (N. del T.: en alemán, Müller significa molinero). En el ejemplo, el apellido Müller sustituye al mundo impersonal del Yo, y el nombre de pila Josef al ser, al auténtico Yo. Plantéese la pregunta con su propio nombre y verá el efecto[19].

En el terreno de nuestras relaciones de pareja, esta carta remite a épocas auténticamente soleadas y significa calor, tranquilidad y sosiego, gran afán emprendedor y goce gratamente refrescante. Como acontecimiento, también puede indicar unas vacaciones dichosas. A un nivel más profundo, el Sol expresa en este campo su auténtica naturaleza grandiosa: él es la fuerza que da sin límites, sin desgastarse a sí misma. Es la esencia de la generosidad cálida, la luz clara que dispersa las nubes oscuras. En el ámbito de la pareja significa: generoso celo y mimo, entendimiento mutuo y profunda afirmación de la relación.

Posición 2

Hasta ahora ha contemplado el asunto de forma positiva y fiable. Presupone que en este asunto podrá superar todos los obstáculos que se puedan presentar. Sólo debería mudar ese pensamiento si en las posiciones 1 o 7 aparece la Muerte (XIII) o el Diez de Espadas. En todos los demás casos, su confianza está justificada y (en último término) le conducirá a su meta.

Posición 7

Ponga de relieve sus deseos. Libérese usted mismo de preocupaciones, dudas y oscuros temores. Diga «sí» sin reticencias a su proyecto, y ya nada le podrá impedir alcanzar su objetivo.

Posición 3

Ha vivido tiempos alegres o incluso tiene un espíritu solar y se toma la situación con humor. Es usted optimista y lleno de vida. Le produce alegría ser magnánimo y mimar al prójimo. Conserve esta actitud y compleméntela según le indica la carta de la posición 6.

Posición 6

Enfréntese al asunto con el corazón en la mano. Sea generoso, comprensivo, y muéstrese dispuesto a perdonar y a olvidar. Imagínese que la pasada noche cayó una lluvia refrescante y que ahora despunta una nueva mañana soleada. Si comienza su proyecto en esta confianza, evolucionará felizmente.

XIX

Posición 4

Ha dado sensación de tranquilidad, de energía y seguridad en la victoria. Se ha comportado con generosidad y nobleza. Si su criterio interno justifica esta actitud, no debería introducir en ella ninguna modificación. En caso contrario, sólo habrá estado marcándose faroles para lucir como hombre o como mujer de mundo.

Posición 5

Defienda sus deseos con plena conciencia y convencimiento. Sea comprensivo y benévolo. Muestre su gran corazón, anticípese con el buen ejemplo y, cuando la situación lo exija, sea conciliable y muéstrese dispuesto a perdonar.

XX El Juicio

Correspondencia astrológica

Júpiter/Urano en conjunción armónica con el Sol o el signo de Acuario como expresión de liberación y salvación

El JUICIO

Imagen mitológica

El levantamiento del tesoro; la liberación de la bella cautiva, la búsqueda del elixir de la vida, así como los dioses y héroes resucitados o que escaparon de los infiernos: Inanna, Osiris, Orfeo, Ulises, Heracles, Psique y Eneas

Correspondencia del I Ching

40 Hsieh / La Liberación

La carta del Juicio se entiende con mucha facilidad si nos dejamos guiar por su nombre. La palabra juicio, especialmente el Juicio Final al que se refiere aquí, se asocia por lo general con castigo, perdición, y por tanto con angustia y horror. Pero es habitual que el significado de una carta sólo pueda extraerse del dibujo y de los símbolos mitológicos y anímicos que se ocultan tras él. La resurrección que se representa aquí muestra la conmovedora experiencia de la salvación y la liberación de quien antes estaba sepultado o cautivo; muestra que lo Verdadero, lo Divino, se alza del oscuro calabozo y llega a la luz. Por ello esta carta tiene un significado total y completamente benefactor. Expresa el paso definitivo hacia la propia génesis, el proceso de la transmutación alquímica coronado por el éxito al convertir lo Inferior en Superior. A un nivel más cotidiano, esta carta significa cualquier forma de liberación: de preocupaciones y miserias, de situaciones y uniones desagradecidas, de inhibiciones y recelos. Además puede indicar que en el proyecto auspiciado por esta carta se encuentra nuestro «tesoro».

En el terreno profesional, esta carta apunta hacia una fase decisiva. Aparece con frecuencia asociada a un despido o a cualquier otro cambio profundo. Por una parte significa que vivimos la despedida, el despido, como una salvación y una liberación; y por otra, que el nuevo camino nos guía a una experiencia vivida más profundamente, a nuestra auténtica misión. Pero esta carta también es un indicio de liberación de viejos problemas y cargas, incluso cuando aparece sin el trasfondo de un cambio profesional. Indica que tras la corteza exterior de nuestras obligaciones diarias fluye un manantial de profunda plenitud. Al nivel de los acontecimientos, esta carta simboliza el feliz desenlace de exámenes, tareas y proyectos especiales o de un periodo de aprendizaje y formación.

En el ámbito de nuestra conciencia, el Juicio expresa que nos encontramos ante el paso decisivo de liberarnos de lados sombríos de nosotros mismos hasta entonces menospreciados u olvidados, y de descubrir su auténtica naturaleza luminosa. Esta carta puede simbolizar además experiencias en las que nos damos cuenta con agradecimiento de que nos hemos liberado de antiguos lazos, ataduras e ideas fijas; en algunos casos indica la resurrección de la conciencia que despierta de una ceguera existencial narcotizada y que en un instante lúcido percibe su infinita libertad y la grandeza de la creación.

En nuestras relaciones personales, esta carta expresa que podemos encontrar (nuestro) auténtico «tesoro» en una relación de pareja ya existente, o en una relación inminente en caso de que vivamos solos. No se trata del encuentro superficial con el príncipe azul o la mujer de nuestros sueños, sino de una profunda mutación interna que nos permite reconocer y comprender cómo hasta ahora nosotros mismos habíamos estado impidiendo este feliz encuentro. Esta experiencia es el motivo principal de muchos mitos y cuentos en los que al final el héroe vence el miedo y la aversión; y es en ese preciso instante cuando el odiado monstruo al que se ha combatido manifiesta su naturaleza clara en forma de príncipe o princesa. Una de las historias de este tipo más graciosas y cautivadoras es la que cuenta Heinrich Zimmer sobre Gawan y la dama Ragnell, una bruja que por el «sí» incondicional de Gawan se convierte en una criatura bellísima[20].

Posición 2

Sabe que se ha liberado o que está a un paso de abandonar viejas cadenas y ataduras. Si su actitud es la correcta, ante usted se abre un vasto campo que podrá ocupar conforme a su auténtica naturaleza. La carta de la posición 1 le indica hacia dónde le lleva su nueva libertad.

Posición 7

Reconozca que hasta ahora se le han abierto posibilidades insospechadas. Está usted en camino hacia la salvación y la liberación. Haga sitio a una idea que hasta ahora no encajaba en su visión del mundo. No vacile en salvar también el último obstáculo. Aventure un paso que ha estado evitando siempre que ha podido. No se arrepentirá.

Posición 3

Anhela la gran experiencia de la libertad interior y de la certidumbre de vivir auténticamente, o bien ha dado recientemente un paso importante en ese sentido. En cualquier caso, la carta de la posición 1 le indica si todavía tendrá que salvar otro obstáculo o si ya puede respirar tranquilo.

Posición 6

Quizá ya se haya dado cuenta de que se encuentra justo ante un paso decisivo para la libertad. Se sentirá salvado y como recién nacido. Sea valiente y no pierda el ánimo justo antes de la meta. Haga de tripas corazón: descubrirá que no todo es tan malo como lo pintan. Active un sentimiento que hasta ahora había reprimido por miedo.

XX

Posición 4

Da impresión de estar liberado y salvado. Si esta actitud no es puro fingimiento, ha atravesado usted una experiencia importante, acercándose un buen trecho a sí mismo. La carta de la posición 5 le indica qué es lo mejor que puede hacer con la recién ganada libertad.

Posición 5

Libérese. Muestre su valor y deje atrás todo cuanto le retenía cautivo y atado. Resurja como el Fénix de las cenizas. Ha llegado a un punto que resulta decisivo en todos los extremos y no puede dejar el menor asomo de duda de que tomará el último obstáculo. No se arrepentirá de esta trayectoria tan rectilínea.

XXI El Mundo

Correspondencia astrológica

Júpiter en Piscis como expresión de la salvación, o Júpiter en conjunción armónica con Saturno como el final feliz

Imagen mitológica

El reencuentro del paraíso, la isla de los bienaventurados, los Campos Elíseos

Correspondencia del I Ching

55 Feng / La Plenitud

El Mundo expresa el reencuentro de la unidad, la vivencia de la suprema armonía y el feliz desenlace de un proceso evolutivo. Expresar con palabras la belleza de esta carta significaría exponerse al peligro de describir una historia dulzona de final feliz. En el viaje del héroe indica el final feliz, el reencuentro del paraíso; lo que trasladado a nuestra vida significa que hemos llegado a la meta. En muy contados casos quiere referirse a la meta de la vida; por lo general nos remite a una importante parada intermedia. En la experiencia externa, significa que hemos encontrado nuestro sitio, justo el lugar que nos corresponde. Como experiencia interna, esta carta expresa que hemos dado un paso importante, quizá incluso decisivo, hacia nuestro propio devenir, hacia la autenticidad y hacia la totalidad. En el ámbito de los acontecimientos, el Mundo simboliza tiempos felices en los que disfrutamos de nuestra existencia con sincera y plena actividad, y también puede significar que atendemos contactos internacionales o que viajamos.

En el terreno profesional, el Mundo es un signo importante de que hemos elegido la profesión adecuada y de que trabajamos en el puesto que nos corresponde, o, cuando menos, de que nos encontramos en el camino correcto para conseguirlo. Naturalmente, esto no significa que en el futuro no pueda evolucionar la situación. Sólo dice que los pasos que dimos fueron correctos y debiera entenderse como alentadora confirmación de que nos encontramos en vías de cumplir nuestra misión en la vida. A un nivel cotidiano, esta carta expresa la alegría y el éxito en el trabajo, la franqueza y la armonía en el trato con los demás, y, en determinados casos, viajes o contactos con el extranjero.

En el ámbito de nuestra conciencia, el Mundo simboliza la satisfactoria experiencia de haber dado un paso, quizá el esencial, hacia la propia realización, notando con profundo goce que estamos a la altura de nuestra auténtica misión en la vida. Si dejamos de considerar nuestro horóscopo, y más concretamente las constelaciones difíciles, como malvado engendro de un destino caprichoso, y «reconocemos» que con nuestra vida queríamos contribuir a reconciliar las extenuantes tensiones existentes en nuestro ser y en el mundo, habremos comprendido el grandioso significado de esta carta. Expresa cómo del caos de inconveniencias y contradicciones iniciales va surgiendo poco a poco una imagen de conjunto diáfana y ordenada.

En nuestras relaciones personales, la significación del Mundo estriba en la afirmación de que somos dueños de nuestra relación, o en el anuncio de que es inminente la experiencia de encontrar una pareja que será nuestro compañero de por vida. La unión caracterizada por esta carta no es nunca una «amistad pasajera», sino una amistad duradera, una convivencia permanente o el matrimonio, de la mayor importancia para nuestra vida y nuestro desarrollo.

Posición 2

Da por sentado que ha encontrado su puesto o que en su proyecto ha llegado al lugar que le corresponde, al lugar que es suyo por naturaleza. Si esta suposición es correcta, no debe dejar que nada le distraiga de su actuación. No obstante, repase la carta de la posición 1. Puede advertirle en el caso de que esté equivocado.

Posición 7

Convénzase de que se encuentra ante el paso decisivo que le llevará a la consumación dichosa de lo que ha emprendido. Deje atrás todas sus dudas. Está usted en el buen camino para conquistar su sitio en este mundo.

Posición 3

Hasta ahora se ha sentido en este asunto como en su casa y le gustaría mantenerse en esa armonía. Vea lo que expresan las cartas de las posiciones 1 y 6. Tal vez sea cierto que ha alcanzado una gran meta. Pero si esas dos cartas le exigen ponerse en movimiento, su estar en casa era sólo una meta intermedia de la que ahora tendrá que despedirse agradecido.

Posición 6

Alégrese. Está muy cerca del punto culminante. No titubee; su camino le lleva derechito al lugar que le corresponde, al lugar en que será feliz. Afronte su proyecto con serenidad y liberado de todo. Le saldrá bien.

XXI

Posición 4

Ha demostrado que se encuentra a gusto en este asunto y que goza por haber encontrado su sitio. Si esta actitud es auténtica, hay que darle la enhorabuena. En caso contrario, las cartas de las posiciones 1 y 5 le instarán a reemprender la búsqueda.

Posición 5

No oculte que ha encontrado lo que buscaba, que ha alcanzado su objetivo y que disfruta de cumplir con su sitio en este mundo. Demuestre su alegría, salga de sí mismo y deje que los demás participen de su felicidad.

As de Bastos

AS de BASTOS

Correspondencia astrológica

Sol/Marte significando valor, decisión, disposición al riesgo y el poder de desplegar la propia personalidad

Imagen mitológica

La vara con la que Moisés hizo brotar agua de la piedra; o la maza de Heracles

Correspondencia del I Ching

46 Sheng / El Empuje hacia Arriba

Al igual que los restantes Ases, el As de Bastos simboliza una oportunidad que anida en nosotros y que debemos descubrir y desarrollar. En el caso de este As, se trata de afán emprendedor, valor y gusto por el riesgo, también de entusiasmo e ímpetu, y no es raro que el As de Bastos se refiera al terreno del desarrollo de la propia personalidad. Como corresponde al elemento Fuego asociado al palo de Bastos, puede tratarse del fortalecimiento de nuestra voluntad, nuestras convicciones o nuestra fuerza moral, o bien de un proceso de maduración y crecimiento interno. Además, el As de Bastos significa afirmación de la vida, optimismo y ganas de vivir, y en ocasiones una fase fogosa de falta de paciencia.

En el terreno profesional, esta carta expresa que descubrimos oportunidades que nos facilitan el reconocimiento de nuestros objetivos y el desarrollo de nuestros intereses, facultades y talentos. El espectro de esta carta abarca desde el valor, el gusto por el riesgo y la dedicación plena en las tareas concretas planteadas, hasta grandes oportunidades de autorrealización profesional. Paralelamente, esta carta significa que recuperamos la ambición, sentimos una fuerte motivación y nos dedicamos con entusiasmo a las tareas impuestas.

En el ámbito de nuestra conciencia, esta carta simboliza una fase en la que desplegamos nuestra fuerza moral, la potencia de nuestra voluntad y nuestras convicciones. Son épocas de crecimiento interior en las que podemos alcanzar mayor seguridad y comprensión de nosotros mismos.

En nuestras relaciones personales, esta carta simboliza el calor de las fricciones de una relación de pareja viva e intensa, así como la oportunidad de llegar a una relación sincera y que nos llene plenamente como personas, o de aportar luz y calor a una relación ya existente. En cualquier caso, se trata de un aumento mutuo de la vitalidad y el entusiasmo, a menudo unidos a un gran afán emprendedor. Dado el carácter ardiente del elemento Fuego representado por el As de Bastos, también pueden producirse estallidos temperamentales y llegarse a un apasionamiento dramático; pero por lo general sin consecuencias destructivas.

Posición 2

Ha visto grandes posibilidades de evolución en su proyecto, que con brío y una firme confianza podrán convertirse en realidad. Quizá también se haya dado cuenta de que este asunto puede ser de gran importancia para su progreso personal. Lo único que tiene que aclarar es si se pueden aprovechar estas oportunidades, y cómo puede hacerse.

Posición 7

Compruebe si realmente está luchando por una buena causa y asuma las grandes oportunidades que se le presentan en este caso. Lo que ahora necesita es optimismo, valor y poder de convicción. Podrá desarrollar con facilidad esta actitud si se dedica en cuerpo y alma a su proyecto.

Posición 3

Ha notado que en relación a su proyecto puede desarrollar gran energía y dinamismo. Es consciente de que el coraje y la capacidad persuasiva seguirán prestándole una valiosa ayuda. ¿Ha aprovechado la oportunidad de desarrollar estas energías?

Posición 6

Anímese y afronte su proyecto con temperamento y confianza. Cuenta con las mejores posibilidades. Déjese entusiasmar por el asunto, para conducirse después con energía al final que perseguía.

Posición 4

Hasta ahora ha dado impresión de estar convencido y dispuesto al riesgo y de no dejar el menor asomo de duda sobre su afán emprendedor. Ha demostrado que en su proyecto existen grandes oportunidades para crecer personalmente. Pero ¿ha demostrado también una paciencia suficiente?

Posición 5

Muestre su ambición y su temperamento. Afronte su proyecto con brío y empuje. No se preocupe si actúa con un poco de atrevimiento. No tenga reparos en decir que se deja guiar por principios éticos claros y que no tiene nada que ver con negocios sucios.

Dos de Bastos

Correspondencia astrológica

Marte en Libra como la resolución teórica sin compromiso interior o consecuencia práctica

Imagen mitológica

Los indecisos que según Dante se detienen en el limbo

Correspondencia del I Ching

43 Kuai / El Desbordamiento, La Resolución

Esta carta conjuga la descripción de un estado con un desafío: expresa que adoptamos una posición neutral e indiferente, y que lo que deberíamos hacer en su lugar es profesar una actitud clara e inequívoca. Las situaciones regidas por esta carta tienen a menudo un carácter entorpecedor. No hay nada que podamos distinguir como la causa real y palpable de nuestra opresión o nuestro disgusto, y sin embargo percibimos con claridad meridiana que hay algo esencial que no funciona. Esta carta simboliza épocas en las que todo nos parece «bien». La razón profunda es que nos hemos retirado a un punto de vista caracterizado por la indiferencia y que nos mantenemos al margen de todo. Nos hemos blindado de tal forma, que ya nada llega a nuestro interior, y contemplamos impasibles cómo discurre la vida a nuestro alrededor. De este estado sólo podremos salir cuando convirtamos nuestras ideas en convicciones y nuestras intenciones en hechos, comprometiéndonos realmente.

En el terreno profesional, esta carta significa que estamos internamente desinteresados y que afrontamos nuestras funciones con indiferencia. También puede expresar que en conflictos y decisiones importantes nos decantamos por una postura de desdibujada neutralidad, o que por indiferencia seguimos la opinión de la mayoría. El precio de esta actitud es un vacío interior que puede conducir a la depresión. Esta carta nos exhorta a revisar nuestro posicionamiento interior y a aplicarnos sin ambages a nuestras tareas.

En el ámbito de nuestra conciencia, el Dos de Bastos indica que estamos estancados en una fase de letargo de la que sólo podremos salir si dejamos que nuestras confesiones de boca para afuera se conviertan en convicciones

reales. Nos exige hacer profesiones de fe claras y a seguir actuaciones inequívocas en lugar de limitarnos a exteriorizar sutiles opiniones y devotas intenciones.

En el terreno de nuestras relaciones personales, esta carta significa que nos retiramos a una posición peligrosa de pusilanimidad y tibieza anímica. Puede que nuestras palabras suenen de distinta forma, pero nuestro sentimiento palidece. El peligro que esto entraña es que la relación fenezca aterida por la frialdad. En su lugar, esta carta nos exhorta a tomar partido, bien para salvarnos o para defender a nuestra pareja.

Posición 2

Hasta ahora ha estado vacilando y ha considerado el asunto sin decisión y con indiferencia. Tal vez incluso haya pronunciado algunas palabras huecas, que en ningún caso eran convencidas. Debe decantarse sin reticencias por uno de los lados. La carta de la posición 7 puede decirle hacia cuál de ellos.

Posición 7

Debe abandonar su punto de vista neutral y tomar un partido con toda claridad. Sólo un paso semejante dado sin compromiso podrá hacerle avanzar en su proyecto. Si por el contrario continúa sin comprometerse, a la larga entrará en un estado insoportable.

Posición 3

Es usted pusilánime y no se compromete; quizá sea incluso apático. O bien se aburre, o bien teme que le hieran o verse decepcionado y rechazado si muestra claramente sus sentimientos. La carta de la posición 6 le dice con qué debería comprometerse, y la carta de la posición 1 le indica qué es lo que puede esperar de ello.

Posición 6

Debe trabajar sinceramente por su proyecto. Evite todos los sentimientos tibios o superficiales. Lo que se le exige en este momento es lo que los antiguos conocían como «el valor del prosélito». Deje que sus profesiones de fe hechas de boca para afuera se conviertan en algo «hecho de todo corazón».

Posición 4

Está nadando entre dos aguas. Tal vez no tiene usted un punto de vista claro. En cualquier caso, hasta ahora los demás no han podido ver qué es lo que realmente quiere. Ya es hora de que se posicione claramente, sin hipocresías, en el lado que le propone la carta de la posición 5.

Posición 5

Muéstrese primeramente neutral, incluso indiferente. Deje que sus intenciones y sus convicciones medren en su interior, sin dar muestras de ello. Sólo posteriormente deberá defender su postura con absoluta decisión.

Tres de Bastos

Correspondencia astrológica

Mercurio en Leo significando firme confianza y perspicacia en conjunción armónica con Saturno como base sólida y fiable

Imagen mitológica

Moisés en el Sinaí. La visión de la Tierra Prometida

Correspondencia del I Ching

20 Kuan / La Contemplación

El Tres de Bastos combina dos importantes y valiosas experiencias. Expresa que hemos escalado una cima tras una ascensión bastante dilatada, y con frecuencia ardua, y que desde una atalaya segura podemos divisar con una amplia mirada el luminoso horizonte. El sólido cimiento que sentimos bajo los pies y la regocijante perspectiva que se nos ofrece de nuestro futuro son las dos características principales de esta carta extremadamente positiva.

En el terreno profesional significa que hemos alcanzado un hito importante, que nos encontramos en suelo seguro desde donde presumiblemente podremos activar nuestros planes a largo plazo. El Tres de Bastos conjuga los dos apetecibles aspectos: una base segura con unas halagüeñas perspectivas.

En el ámbito de nuestra conciencia hemos alcanzado una cima desde la que se abre ante nosotros un vasto horizonte. Sabiendo que, gracias a nuestros esfuerzos pasados por lograr el conocimiento, hemos creado una base sólida y fiable, estamos en condiciones de otear en derredor desde nuestra atalaya para reconocer con agradecimiento que en el horizonte pueden divisarse las metas de nuestra vida. La firme base de nuestra certeza interior, unida a nuestra optimista visión del futuro, avala una fase de la vida en la que solucionaremos con éxito y sin dificultad las tareas que se nos planteen.

En nuestras relaciones personales, el Tres de Bastos significa que hemos creado una base sólida común desde la que podemos mirar con toda confianza al futuro. Las uniones que están marcadas por esta carta tienen grandes perspectivas, son fiables y duraderas. En épocas en las que vivimos solos, esta carta significa que hemos creado las condiciones previas interiores, y quizá también las externas, y que podemos aguardar una relación de pareja viva y duradera.

Posición 2

Pisa suelo seguro desde el que puede contemplar a la perfección todo el asunto en su conjunto. Como quiera que la carta de la posición 7 le propone puntos de vista para el futuro, conserve usted su optimismo y su estabilidad.

Posición 7

Conciénciese de que está pisando suelo firme y eche una dilatada mirada al futuro. Puede estar seguro de que le esperan perspectivas, acontecimientos y experiencias muy alentadores.

Posición 3

Siente la fuerza de la certeza interior y sabe que el cimiento sobre el que se encuentra le sustenta realmente. Tenga confianza en la evolución de los acontecimientos, positiva a largo plazo, aun cuando la carta de la posición 6 pueda indicarle que todavía tiene usted que atravesar algún valle.

Posición 6

En este asunto tiene que luchar por una base sólida (y común) hasta que note el suelo firme bajo sus pies. Esta carta le indica que con esa base podrá realizar su proyecto y formarse unas halagüeñas perspectivas.

Posición 4

Actúa de forma reflexiva y consciente de su éxito. Si las cartas de las posiciones 2 y 3 confirman que su actitud interior coincide con esta apariencia, debe continuar por el mismo camino. Pero si sólo ha estado engañando con falsas apariencias, debe ser un poco más modesto y modificar su conducta en el sentido que le marque la carta de la posición 5.

Posición 5

Está usted en el buen camino. Muestre que ve las cosas con claridad y que abarca con perspicacia todo el asunto. Actúe con seguridad y muéstrese optimista y seguro de alcanzar el éxito.

Cuatro de Bastos

Correspondencia astrológica

Venus en la quinta casa como símbolo de alegría, juego, placer; o Luna/Venus significando recogimiento y jovialidad

Imagen mitológica

La Hora griega Irene, diosa de la paz; Noé abandonando el arca

Correspondencia del I Ching

22 Pi / La Gracia

El Cuatro de Bastos simboliza una fase de paz en la que nos abrimos y salimos de nosotros mismos para disfrutar de la vida. Con la referencia de esta seguridad, estamos gratamente dispuestos a abandonar el ámbito de la protección y el seguro recogimiento para participar de la vida del mundo. Esto significa tanto sociabilidad, entretenimiento, diversión y un enorme placer de vivir, como un «abrirse» interiormente para participar directamente de la vida que nos rodea y experimentar en nuestros contactos una compenetración más profunda.

En el terreno profesional, esta carta expresa que en nuestro trabajo encontramos mucha diversión y placer, con el trasfondo de condiciones laborales seguras, estables y que cuentan con buenas perspectivas. Son épocas de buena motivación que convierte en placer el éxito en la superación de nuestras tareas. Esta carta también puede significar que nos separamos de una relación laboral que hasta ahora nos había dado seguridad, para emprender nuevos caminos con fe y libres de toda preocupación.

En el ámbito de nuestra conciencia, el Cuatro de Bastos indica que abandonamos el dominio de conocimientos garantizados y seguros para mirar con franqueza hacia nuevos estímulos y áreas de interés. Al mismo tiempo, esta carta expresa que, apoyados en un trasfondo de experiencias consolidadas, nos aventuramos libremente y sin prejuicios en estas regiones desconocidas, y que acumulamos con alegría nuevas experiencias.

En el terreno de nuestras relaciones personales, esta carta simboliza épocas soleadas. Dice que nos sentimos seguros y amparados, además de tratarnos mutuamente con franqueza, afabilidad y afecto. Es una fase de divertidas empresas comunes en las que encontramos nuevos contactos y disfrutamos de la vida sin preocupaciones.

Posición 2

Ha contemplado el asunto con fe y buen humor, y espera que su proyecto le divierta. La carta de la posición 1 le indicará si sus expectativas están justificadas.

Posición 7

Vaya a las cosas abierto y sin condiciones. Dése cuenta de que tiene a sus espaldas una gran dosis de seguridad y que delante de usted se encuentran experiencias interesantes. Sea despreocupado; disfrutará del tiempo y se divertirá mucho.

Posición 3

En este asunto ha sido hasta ahora descuidado y algo despreocupado. Ha dejado de lado los muros que le protegían, para salir de sí mismo con enorme ánimo emprendedor. La carta de la posición 6 le dirá si puede seguir siendo tan despreocupado o si tiene que ser un poco más cuidadoso.

Posición 6

Salga completamente de sí mismo y despliegue toda su alegría y gozo de vivir. Abra las puertas de su corazón, olvídese de los muros separadores y vaya a las cosas completamente liberado y resuelto: será bienvenido. Disfrute esta época de paz. No se desilusionará.

Posición 4

Se ha mostrado espabilado y despreocupado; ha sido abierto y activo, y le gustaría que su proyecto le deparara mucha diversión. Si las cartas de las posiciones 1 y 5 no indican nada en contra, puede confiar en que así suceda.

Posición 5

Actúe abierta y despreocupadamente. Trate con la gente. Busque la compañía y la conversación trivial y animada. Salga a bailar. Dé la bienvenida a la gente y organice una fiesta.

Cinco de Bastos

Correspondencia astrológica

Marte en la quinta casa en sentido de lucha deportiva y lúdica

Imagen mitológica

Los Juegos Olímpicos creados por Heracles, Dáctilo de Ida

Correspondencia del I Ching

—

El Cinco de Bastos es la carta del desafío, del medir las fuerzas, de la lucha deportiva. Nos presenta situaciones que nos exigen poner nuestras fuerzas a prueba. En ningún caso se trata de un enfrentamiento hostil o destructivo. Es un medir las fuerzas que puede emanar del afán de lucha y del ánimo exaltado y que puede tener carácter de apuesta; o bien expresarse en forma de tarea impuesta que exige toda nuestra capacidad. La mayoría de las veces tiene un rasgo lúdico que sólo en casos desfavorables puede tornarse serio. No deberíamos evitar las experiencias marcadas por esta carta, dado que nos ofrecen una buena ocasión, con frecuencia sumamente interesante, para tomar conciencia de nuestras propias facultades.

En el terreno profesional, el Cinco de Bastos indica que nos encontramos ante un reto que es menester dominar, que nos desafía sin exigirnos en exceso. Puede tratarse del planteamiento de una tarea nueva a la que no estamos acostumbrados o un trabajo de una magnitud tal que casi nos hace contener el aliento; o bien un problema de relaciones interpersonales en cuya solución tenemos que demostrar nuestra habilidad. En todos los casos, esta carta nos impele a aceptar el desafío como un ejercicio, a enfrentarlo como un juego y a controlarlo más con un espíritu deportivo que con sañuda seriedad.

En el ámbito de nuestra conciencia, el Cinco de Bastos significa que estamos tocando problemas que exigen una gran dedicación, pero mediante los cuales logramos avanzar considerablemente en nuestro camino experimental. La experiencia a que se refiere se ilustra claramente con el ejemplo de las disputas comprometidas, con las discusiones con pretensión de interminables que realizamos en la pubertad y en la fase posterior a la pubertad, en las que al adolescente se le exige ir limando convicciones heredadas y adquiridas para irlas sustituyendo paulatinamente por ideas nuevas más personales.

En el terreno de nuestras relaciones personales, esta carta tiene el carácter de una relación combativa, casi siempre afectuosa pero francamente pendenciera. No se trata de la comunidad glorificada románticamente, sino de la polémica intensa. Puede expresar una fase en la que andamos a la greña con nuestra pareja o en la que peleamos juntos para solucionar problemas. La carta puede indicar también que nuestra relación vive del calor que sale de la fricción, por lo cual nosotros la configuramos como una apuesta continua. En el Olimpo tenemos los impresionantes antecedentes de Zeus y Hera.

Posición 2

Ha entendido el asunto como un auténtico reto y sabe que aquí pueden ponerse a prueba sus fuerzas. Si la carta de la posición 7 confirma esta actitud, no deberá demorar para más tarde su proyecto.

Posición 7

Convénzase de que tiene que poner a prueba su capacidad. Si la carta de la posición 1 le alienta, enfréntese a este desafío y dé lo mejor de sí mismo. Acuda tranquilamente al reclamo, arriesgue algo, atrévase con la apuesta. Pero, en casos dudosos, sea un buen perdedor.

Posición 3

Siente que se trata de una prueba de fuerza que sólo podrá ganar si muestra una dedicación total. La carta de la posición 1 le dice cuáles son sus posibilidades, y la carta de la posición 5 si debe aceptar el desafío y cómo debe hacerlo.

Posición 6

Comprenda que desafío y disputa no significan lo mismo que pelea y discordia. En este asunto debería «andar a la greña». Tenga cuidado de que no cambie su estado de ánimo, pues lo que puede ser un juego podría convertirse inesperadamente en algo de lo más serio.

Posición 4

No ha dejado la menor sombra de duda de que está dispuesto a aceptar la apuesta y a medir sus fuerzas. En realidad sus posibilidades deben ser buenas. Sólo si la carta de la posición 1 contiene una clara advertencia, tendrá que contenerse un poco más.

Posición 5

Muestre que está dispuesto a «subir al cuadrilátero», que la apuesta va con usted, que tiene ambición deportiva de enfrentarse a este desafío y, en el peor de los casos, perder con dignidad.

Seis de Bastos

Correspondencia astrológica

Júpiter en la décima casa como expresión de éxito y reconocimiento

Imagen mitológica

Nice, la diosa griega de la victoria, y su correspondiente deidad romana, Victoria

Correspondencia del I Ching

63 Chi Chi / Después de la Consumación

El Seis de Bastos es la carta de la victoria, el éxito, la fama y el reconocimiento, y, en relación con esto, también expresa alegría, satisfacción, y en ciertos casos complacencia. En rigor expresa la proclamación del éxito, el anuncio de la victoria. En el ámbito de lo cotidiano puede indicar lisa y llanamente una buena noticia, sin que signifique gloria espectacular. Por regla general indica que nuestra aplicación y nuestros esfuerzos se han visto coronados por el éxito. En algunos casos es indicativa de un éxito sorpresivo, «inmerecido».

En el terreno profesional, el Seis de Bastos significa que podemos contar con el éxito y el reconocimiento. Indica que nuestros servicios serán remunerados, que nuestra aplicación merece la pena, que tenemos una vena de éxito. Expresa éxito en situaciones no cotidianas: el «summa cum laude» de un examen aprobado brillantemente o un eco entusiasta con ocasión de conferencias y otras apariciones en público. Simboliza al vencedor de unas elecciones, al artista que se hace popular, el nombramiento para un puesto importante y, naturalmente, cualquier forma de ascenso.

En el ámbito de nuestra conciencia, esta carta significa que nuestra pugna por el conocimiento y la claridad en el planteamiento de un problema determinado tendrá éxito. Puede anunciar la tan añorada liberación de preocupaciones que nos oprimían tenazmente. Pero además puede expresar una fase impetuosa en la que desarrollamos una fe desconocida unida a un reforzamiento de la confianza en nosotros mismos. Con el trasfondo que hemos descrito, esta carta puede tener un significado clave para quienes hasta ahora se habían visto siempre en el lado del perdedor; ahora se cambian al bando de los ganadores.

En el terreno de nuestras relaciones personales, esta carta que simboliza el éxito indica que se abre ante nosotros una experiencia importante y feliz. Puede ser el inicio de una maravillosa relación de pareja o el apogeo y las horas altas de una relación ya existente. El Seis de Bastos indica también que logramos solucionar un problema que teníamos hasta entonces con una persona o que estaba fundado en nuestro comportamiento con la pareja. A un nivel más cotidiano, esta carta de la buena nueva significa también que hemos recibido una carta agradable o una llamada de teléfono que quizá esperábamos con impaciencia.

Posición 2

Está convencido de que su proyecto saldrá bien. Considera el conjunto como «algo seguro» y cuenta con una buena noticia. Las cartas de las posiciones 1 y 7 le indican si tiene razón en mantener esta postura o si debe cambiarla.

Posición 7

Enfrente su proyecto convencido y con plena confianza. Se halla en el camino del éxito. Si está esperando una noticia o una decisión relacionada con su pregunta, puede dar por hecho que sus expectativas positivas se verán cumplidas e incluso superadas.

Posición 3

Hasta ahora estaba tan seguro de su asunto que ni siquiera una advertencia podría enturbiar su confianza ciega. Ojalá que su alegría no haya sido precipitada y que haya repartido la piel del oso antes de matarlo. Revise si la carta de la posición 6 confirma su optimismo o si tiene que retractarse de algo.

Posición 6

Enfréntese a su proyecto con total alegría: usted es el afortunado vencedor. O bien ya tiene noticia de su éxito, o bien la noticia del mismo le llegará en breve. Reciba este acontecimiento con agradecimiento y festéjelo como es preceptivo.

Posición 4

Da la impresión de estar seguro de su éxito y su victoria, o como si ya tuviera el gato en el agua. ¿No ha exagerado un poco? En este caso, la carta de la posición 5 le exhortará a tener una actitud más reservada. Si estas afirmaciones le parecen fuera de lugar porque su actitud interna (posiciones 2 y 3) es otra, puede que se haya sorprendido. Pero, a ojos de los demás, da la impresión de estar excesivamente confiado en sí mismo.

Posición 5

Muéstrese como el ganador de la partida. Demuestre su optimismo y su inempañable confianza. Tendrá éxito con esa actitud. Muestre también su agradecimiento y haga de su triunfo motivo de una fiesta.

Siete de Bastos

Correspondencia astrológica

Mercurio/Marte enfrentado a Saturno como la hábil batalla contra una oposición

Imagen mitológica

La lucha de David contra Goliat

Correspondencia del I Ching

33 Tun / La Retirada

El Siete de Bastos indica que nos vemos atacados y que tenemos enfrente a competidores, adversarios u otros contrincantes, que con frecuencia serán más fuertes o estarán en mayoría. Esta carta expresa que, a pesar de todo, tenemos buenas perspectivas de éxito, porque peleamos desde una posición favorable. Esto debe entenderse al mismo tiempo como una exhortación a mantenernos diestros y despiertos para no desperdiciar frívolamente la ventaja de esta posición. Naturalmente, sólo en contados casos se trata de ataques de hecho; lo habitual son injerencias en nuestra esfera privada o una amenaza que pesa sobre lo que hemos conseguido o queremos conseguir.

En el terreno profesional, esta carta expresa sobre todo una situación de competencia. Significa que hacemos negocios en un mercado fuertemente competitivo o que nos esforzamos por conseguir un puesto de trabajo para el que existen muchos candidatos. Pero también puede significar que somos atacados en nuestro trabajo diario y que tenemos que defender nuestro buen nombre o nuestra actitud. En algunos casos se interpreta como envidiosos que quieren echarnos de nuestro puesto, «que quieren quitarnos la silla». En estos casos es siempre un signo de que tenemos buenas perspectivas de poder superar el peligro sin sufrir daños, siempre que no lo perdamos de vista y que no desperdiciemos imprudentemente nuestra ventaja.

En el ámbito de nuestra conciencia, el Siete de Bastos significa que somos atacados por causa de nuestras opiniones y convicciones, viéndonos posiblemente envueltos en violentas discusiones. Si bien es cierto que estas discrepancias pueden transmitirnos nuevas ideas y conocimientos, por su propia naturaleza no están dirigidas hacia un intercambio objetivo de opiniones, sino a producirnos daño o a taparnos la boca. Por tanto, en estos casos se exige más de nuestra estabilidad y fidelidad de convicciones que de nuestros puntos de vista y disposición a aprender.

En nuestras relaciones personales, esta carta significa que nuestra relación de pareja se ve amenazada. Bien puede tratarse de un conflicto descargado directamente. Pero por lo general esta carta señala a una tercera persona que perturba nuestra relación. También puede significar que no nos encontramos solos en nuestro cortejo y nuestra búsqueda de una nueva pareja, y que tenemos celosos rivales. También en este caso indica que superaremos esta experiencia sin sufrir daño, siempre que tomemos en serio la amenaza y nos enfrentemos a ella con inteligencia.

Posición 2

Se ve frente a un ataque o frente a un conflicto, o sabe que con su proyecto se arriesga a un conflicto. Pero tiene una importante ventaja frente a los demás. Tenga cuidado de no desperdiciarla negligentemente. Las cartas de las posiciones 1 o 7 pueden indicarle cuál es la mejor estrategia a elegir.

Posición 7

Convénzase de que tiene que aprestarse para la defensa o que tiene que afirmarse e imponerse a una persona o a una mayoría que no tiene buenas intenciones hacia usted. Medite concienzudamente cuáles son sus ventajas y dónde radican sus puntos fuertes y cómo sacarles el máximo partido posible. No olvide reconocer y cubrir sus propias flaquezas. Tiene buenas oportunidades de imponerse o de conservar su supremacía.

Posición 3

Se siente amenazado o nota que los celos, la envidia o la hostilidad se desatan en su contra. Tenga confianza en que estará a la altura que exige el combate. La carta de la posición 6 le indica cuál es la mejor manera de enfrentar este conflicto o si es mejor que lo rehúya.

Posición 6

Esté prevenido y cuente con que se verá provocado, o con que está gobernando la nave de su proyecto hacia un conflicto y que tendrá que vérselas con envidias y calumnias. Muestre su firme resolución y su presencia de ánimo para combatir. Si está alerta, podrá imponerse con destreza incluso a una mayoría.

Posición 4

Ha probado que en este asunto se siente atacado y amenazado, demostrando su disposición para la lucha y su resolución de reafirmarse incluso en situaciones difíciles. La carta de la posición 5 puede indicarle si tendrá que seguir porfiando como un guerrero solitario o si ha llegado el momento de la reconciliación.

Posición 5

Afronte el conflicto con contundencia; no deje dudas sobre su resolución de imponerse y de defender su posición. Sepa apreciar y aprovechar la importante ventaja que tiene, lo que le facilitará superar todos los ataques con un hábil golpe de mano.

Ocho de Bastos

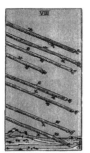

Correspondencia astrológica

El factor temporal en el vaticinio astrológico: el momento de la disolución de tránsitos, direcciones, progresiones, ritmos, etc.

Imagen mitológica

El vuelo de las aves migratorias como augures de acontecimientos que se ciernen

Correspondencia del I Ching

35 Chin / El Progreso

El significado principal de esta carta radica en su aspecto temporal. Es la única carta del Tarot que indica con toda claridad la inminencia inmediata de un suceso[21]. Aparte de esto, no tiene ningún otro significado más profundo. Expresa que algo se mueve, que algo se cierne, que algo aparece con mayor rapidez de la esperada, y que hay procesos que ya han comenzado aunque no lo hayamos advertido. Por regla general actúa de mensajero de experiencias agradables que anuncia que hay buenas noticias o acontecimientos propicios encaminándose hacia nosotros.

En el terreno profesional, esta carta significa que nuestros proyectos, expectativas, y ocasionalmente también los temores, ligados a la pregunta motivo de consulta, aparecerán o se realizarán en breve. Puede ser también un indicativo de que hace ya tiempo que ha empezado un proceso evolutivo, o bien de que se ha acelerado súbitamente, siendo inminente su desenlace, aun cuando nosotros sólo contábamos con ello para un futuro a largo plazo. Esta carta indica a menudo el éxito inesperado: en la búsqueda de un nuevo trabajo, en la conclusión de un negocio, o en la consecución de ascensos o promociones.

En el ámbito de nuestra conciencia, el Ocho de Bastos significa que se aceleran nuestros procesos de conocimiento, que hay algo que se cierne en el aire y que recibimos algún impulso desde una dirección inesperada, que ampliamos nuestro horizonte. La vitalidad de esta carta es signo de cambios espontáneos, expresando con frecuencia que las actitudes y convicciones rígidas han salido de su inmovilismo.

En el terreno de nuestras relaciones personales, esta carta apunta una revitalización y nuevas vibraciones. Puede vaticinar una nueva y pronta unión o puede ser el heraldo de evoluciones felices dentro de una relación formada. Sólo en el caso de que todas las cartas restantes indiquen experiencias duras, puede suponerse que lo que se cierne son acontecimientos desagradables.

Posición 2

Hasta ahora ha supuesto que las cosas transcurren con rapidez y que se encuentra a las puertas de su objetivo. Tal vez tenga que reconocer ahora que el proceso ni siquiera ha comenzado. Las cartas de las posiciones 1 y 7 pueden ser más explícitas.

Posición 7

Convénzase de que algo se cierne en el aire, de que la cosa de que se trata ya se ha puesto en marcha y de que todo transcurre con más rapidez de la que creía. Puede suponer que su proyecto evolucionará favorablemente, salvo que la carta de la posición 1 indique experiencias difíciles.

Posición 3

Nota usted que las cosas ya se han puesto en marcha, que ya se anuncian acontecimientos importantes y que en breve se cumplirán sus expectativas. Las cartas de las posiciones 1 y 6 le dicen si su intuición es correcta.

Posición 6

Aguarde con calma una rápida realización de sus expectativas. Si está esperando una noticia, puede estar seguro de que ya se halla en camino. Si tiene sentimientos confusos, puede presuponer que las esperanzas agradables se harán realidad, a no ser que la carta de la posición 1 indique vivencias agobiantes.

Posición 4

Ha sido rápido y ha influido, tal vez algo alborotado, sobre su entorno. No ha dejado rastro de duda de que espera una pronta alteración o consumación de las cosas, o que por lo menos aboga por ello. Examine si las cartas de las posiciones 1 y 5 siguen justificando esta actitud.

Posición 5

Demuestre que está interesado en un cambio rápido y dé por sentado que ya ha comenzado ese proceso evolutivo. Contribuya usted mismo a que las cosas sigan moviéndose y apueste por la pronta aparición de sucesos importantes.

Nueve de Bastos

Correspondencia astrológica

Saturno/Venus como coraza protectora y actitud defensiva

Imagen mitológica

Tobías, que rehúsa ejecutar el encargo de Dios

Correspondencia del I Ching

47 K'un / La Desazón, El Agotamiento

El Nueve de Bastos significa oposición o resistencia frente a una situación o experiencia por la que nos sentimos amenazados. En realidad indica que no existe ninguna amenaza objetiva (al contrario que el Siete de Bastos), sino que nuestros recuerdos de pasadas experiencias dolorosas han desencadenado esta actitud de miedo y rechazo. Simboliza un carácter reservado que en los cuentos se denomina a menudo «corazón encallecido». Por regla general expresa que nos encerramos en nuestro caparazón y que nos negamos a seguir avanzando y a dar importantes pasos de una evolución. Pero en algunos casos indica prácticamente lo contrario: que acabamos de dar un paso decisivo y que cerramos a cal y canto la puerta que queda atrás para cortarnos a nosotros mismos la retirada. En este caso tiene un significado ciertamente más positivo, por favorecer la evolución; sin embargo, indica que algo hemos hecho mal: hemos escapado y tenemos miedo de que el pasado pueda alcanzarnos. Pero decir verdaderamente adiós significa concluir la experiencia y sentir el pasado firme bajo nuestros pies, en lugar de sentir que nos pisa los talones revestido de angustia.

En el terreno profesional, esta carta significa la resistencia interna que presentamos a las innovaciones, a determinadas tareas o a otros pasos dentro de la evolución profesional. Puede indicar también que nos sentimos amenazados por superiores, compañeros o socios, y no cabe descartar que percibamos como una amenaza nuestra profesión o la necesidad de trabajar. También puede indicar que los obstáculos ante los que retrocedemos espantados no se encuentran en el exterior. Son nuestros recuerdos de pasados fracasos o derrotas que nosotros trasponemos a la situación actual, aun cuando entre tanto hayamos mejorado nuestra situación. Por tanto, esta carta nos exhorta a superar el miedo, no sólo para superar de buen grado el obstáculo, sino también para sanar nuestras viejas heridas.

En el ámbito de nuestra conciencia, el Nueve de Bastos indica que adoptamos una peligrosa actitud de defensa frente a nuevas experiencias, probablemente renovadoras. Se corresponde con la actitud de aparente dominio del perfeccionista, que con sistemas más perfectos cada vez, y por ende más rígidos, intenta eliminar toda fuente de error y de peligro para no volver a naufragar jamás. El refrán que reza «el torpe tropieza dos veces en la misma piedra» tiene razón, pero, si se convierte en medrosa ley de vida, conduce a la rigidez y a un miedo hiperprecavido a la propia vida. Esta actitud coercitiva la ilustra Fritz Riemann cuando describe al hombre que, al llegar al cielo y encontrar dos puertas, la primera con la inscripción «Puerta del Reino de los Cielos», y la segunda con la inscripción «Puerta de los Informes sobre el Reino de los Cielos», no lo duda un instante y elige la segunda[22].

En el terreno de nuestras relaciones personales, esta carta es como «el gato escaldado». Expresa que tenemos miedo de resultar heridos o de que puedan abrirse viejas cicatrices. Indica la coraza con la que rodeamos lo más íntimo de nuestro ser para que lo que puede herirnos no nos roce siquiera, pagando el precio de que tampoco nos roza lo que podría hacernos el bien más profundo. Es precisamente en este terreno donde el Nueve de Bastos nos advierte que corremos el riesgo de amargarnos internamente, apesadumbrarnos y aislarnos por el cerrojo que ponemos a nuestro íntimo ser. Al mismo tiempo, es un signo alentador de que el encuentro o la apertura interna que tanto tememos no representa ningún peligro efectivo.

Posición 2

Hasta ahora ha estado defendiéndose y se ha resistido tenazmente a ideas, perspectivas y evidencias nuevas. Se siente amenazado en este asunto y tiende a la precaución exagerada. Debería darse cuenta de que no se trata de ninguna amenaza real. Son sus recuerdos de pasadas heridas los que le hacen pecar de precavido.

Posición 7

Reconozca que su proyecto puede evocarle pasadas experiencias dolorosas. Defiéndase con decisión de las artes de persuasión, las influencias y las tentaciones. Esta vez permanezca inflexible, aun cuando puedan achacarle terquedad y estupidez.

Posición 3

Se siente amenazado y ha construido a su alrededor un duro cinturón de defensa. Quizá ya haya notado que con ello también cierra las puertas a experiencias que son benéficas e importantes para usted. Trate de volverse a abrir paulatinamente. Verá que no existe ninguna amenaza real.

Posición 6

Aunque todavía no pueda reconocer ningún peligro, debería ponerse en guardia y permanecer alerta. Todavía tiene heridas que deben cicatrizar. Protéjase y no permita que las heridas vuelvan a abrirse. Evite toda tentación en la que podría volver a caer.

Posición 4

Hasta ahora se ha mostrado negativo, inflexible y obstinado, o ha actuado como el señor No. Puede vérsele en la cara que se siente amenazado y que se atrinchera en un muro de protección. Vea el asunto por una sola vez desde otro lado. Se dará cuenta de que en rigor no ofrece ningún peligro.

Posición 5

Demuestre que se siente amenazado y firmemente decidido a defenderse con todas sus fuerzas. Deje claro que en su situación no pueden acercársele demasiado. Si ha dado un paso importante, debería poner todo su empeño en no volver hacia atrás o reincidir.

Diez de Bastos

Correspondencia astrológica

Saturno/Sol en sentido de gravedad y opresión, o Saturno en la undécima casa como expresión de ausencia de perspectivas

Imagen mitológica

Atlante, obligado a soportar la bóveda celeste, que hubiera cedido con gusto a Heracles

Correspondencia del I Ching

28 Ta Kuo / La Preponderancia de la Grande

El Diez de Bastos es la carta de la opresión, que muestra que nos exigimos demasiado, lo que nos hace perder la gran perspectiva. Paralelamente puede expresar actuación torpe. Con frecuencia significa que nos hemos saltado algunos peldaños de la escalera evolutiva y que ahora nos sentimos desbordados en el nuevo entorno; los trabajos y responsabilidades pesan como losas sobre nuestras cabezas. Pudiera ser que suframos un chasco. Pero, a medida que vayamos madurando dentro de este nuevo entorno vital, irán mitigándose las exigencias desproporcionadas y la opresión, y aprenderemos a manejarnos con mayor habilidad en nuestras tareas.

En el terreno profesional, esta carta indica estrés, desbordamiento o excesiva responsabilidad en el puesto de trabajo. Por ello es a menudo consecuencia de una ascensión demasiado rápida, que nos ha catapultado a ambientes para los que realmente no estamos preparados todavía. En estas fases es importante que reunamos conscientemente (con meditación) la fuerza interna necesaria para resistir sin sufrir daños el tiempo que necesitamos para ir creciendo dentro del nuevo ámbito hasta copar el marco en que nos desenvolvemos. Esta carta puede expresar también una servidumbre, la opresiva y desorientada búsqueda de un puesto de trabajo o la paralizante sensación que nos invade a la vista de exámenes difíciles. Es importante que en tales épocas nos desprendamos de cuanto lastre sea posible.

En el ámbito de nuestra conciencia, el Diez de Bastos significa que nos atormentamos con preocupaciones y serias cavilaciones, sin saber encontrar la salida. Nos sentimos fatigados, oprimidos, sobrecargados. El mejor método para salvar una crisis semejante es distanciarse y hacer de una vez por todas la pausa tantas veces retrasada. Puede ser una salida de fin de semana a la naturaleza, unas refrescantes vacaciones en el mar o una semana de silencio en un monasterio.

En nuestras relaciones personales, esta carta indica una fuerte opresión. Puede significar que vivimos solos sin una pareja estable y que no somos capaces de vislumbrar una escapatoria a esta situación. También puede significar que, si bien tenemos un compañero con quien compartimos nuestra vida, vivimos esta unión llenos de preocupaciones y aflicción. En estas épocas debemos descargarnos conscientemente, y, en caso de que no sea posible, vigilar cuidadosamente nuestro nivel de ánimo para que el abatimiento no nos haga echar todo por la borda de repente.

Posición 2

Sabe que se exige demasiado y que por ello ha perdido su horizonte. Si, en vista de las perspectivas que le muestra la carta de la posición 1, sigue considerando que vale la pena el esfuerzo de continuar el camino emprendido, debería tomarse a toda costa el tiempo suficiente. De otra forma es casi seguro que no alcanzará su meta.

Posición 7

Debe reconocer que se está exigiendo demasiado en su proyecto. El paso que pretende dar es realmente demasiado grande. Si, a pesar de todo, quiere seguir imperiosamente adelante, debería armarse de mucho tiempo y paciencia y perseverar conscientemente en sus fuerzas. ¿Seguro que no hay nadie dispuesto a aliviarle parte de su carga?

Posición 3

Está oprimido en lo más íntimo de su ser y casi ha abandonado toda esperanza. Lo que ha sucedido le ha desbordado. Concédase un poco de tranquilidad y distiéndase antes de decidir si su proyecto merece realmente la pena. La carta de la posición 1 puede aportarle alguna información importante.

Posición 6

Imagínese que la época que se avecina será muy cargante para usted y que perderá de vista el objetivo, por lo menos de cuando en cuando. En esta fase de ofuscación debería al menos ser benévolo consigo mismo y permitirse cuantos descansos sean posibles para poder recargar urgentemente las fuerzas que tanto necesita.

Posición 4

Parece agotado y desbordado. Se ve que tiene que soportar un pesado yugo y que se esclaviza a sí mismo para superar su proyecto. Probablemente necesite unas urgentes vacaciones. Concédase ese descanso y despréndase de todo el peso muerto posible antes de continuar en el sentido que le marque la carta de la posición 5.

Posición 5

No oculte que se halla desbordado, que todavía no se siente a la altura del trabajo y que ha perdido gran parte de su fe en el objetivo. No pretenda seguir haciéndose pasar por el supermán capaz de todo. ¿No puede haber gente dispuesta a aliviarle parte de su trabajo? No deje que bajo ningún concepto el abatimiento le induzca a tirar todo por la borda.

Sota de Bastos

SOTA de BASTOS

Correspondencia astrológica

Venus en conjunción con la Luna en Sagitario como la oportunidad que se acepta con entusiasmo

Imagen mitológica

Jasón, que invitó a los argonautas a la aventurada búsqueda del Toisón de Oro

Correspondencia del I Ching

16 Yü / El Entusiasmo

Las Sotas expresan oportunidades y ocasiones que se cruzan en nuestro camino. La oportunidad representada por la Sota de Bastos está asociada al elemento Fuego, por lo que es un impulso o una proposición arrebatadores que recibimos con alegría. Se trata sobre todo de ocasiones de crecer por encima de nuestra anterior esfera de vivencias: propuestas que apelan a nuestro espíritu de aventuras, que exigen valor y gusto por el riesgo, que aumentan la tensión de nuestras vidas pues nos arrebatan de la entumecedora rutina diaria. Puede tratarse de actividades competitivas o deportivas, de posibilidades de sondear nuestras propias regiones límite, o de interesantes vivencias y experiencias menores de nuestra vida cotidiana.

En el terreno profesional, la Sota de Bastos significa que se nos presentan propuestas y ocasiones que saludamos con alegría. Bien puede ser la oportunidad de que nos encarguen una misión que exige todo de nosotros, de asumir un nuevo puesto o de recibir una atractiva y desacostumbrada misión (en el extranjero). El aspecto de evolución que presenta esta carta puede indicar también futuros ascensos. Aun cuando ello vaya ligado a misiones de mayor dificultad, deberíamos aceptar estas perspectivas con alegría y confianza.

En el ámbito de nuestra conciencia, esta carta indica que recibimos estímulos importantes mediante los cuales ampliamos considerablemente nuestro horizonte. Pueden ser impulsos que dirijan nuestra atención a un área desconocida o relegada hasta entonces: un libro, una invitación para una obra de teatro, un concierto, una conferencia o un seminario, al igual que una conversación estimulante. Esta carta también puede significar que experimentamos el conflicto desatado en determinadas cuestiones vitales como el desencadenante de nuevos impulsos.

En el terreno de nuestras relaciones personales, con frecuencia sentimos la Sota de Bastos como una invitación a la aventura. Por tal se entiende tanto un aspecto enriquecedor y vivificante de una relación de pareja ya existente como el encanto de adentrarnos en una nueva y excitante relación, a veces incluso la seducción de buscar la aventura fuera de los caminos trillados.

Posición 2

Ha visto en este asunto un impulso vivificante que le empuja hacia adelante. Sabe que para ello necesita una buena dosis de gusto por el riesgo y afán emprendedor. Si está dispuesto a dejar que esta intuición se transforme en vivencia, la carta de la posición 5 le indica cómo debe actuar.

Posición 7

Conciénciese de la gran oportunidad que le sale al encuentro. Aproveche la ocasión. Ríase de las consideraciones utilitaristas mezquinas y precavidas en exceso; déjese entusiasmar. Tome plena conciencia de los riesgos, pero decídase por el camino audaz y osado.

Posición 3

Hasta ahora ha tenido un comportamiento pasivo, esperando la gran oportunidad que le sacara bruscamente de lo cotidiano, o un impulso, una proposición por la que poder entusiasmarse. La carta de la posición 1 le indica si se cumplirán sus expectativas, y la de la posición 6, si tiene que tomar usted mismo la iniciativa.

Posición 6

Se le ofrece una ocasión interesante. No vacile. Déjese arrastrar por la gran oportunidad que se le brinda; olvide todos sus terrores y miedos pasados y láncese a la aventura.

Posición 4

Hasta ahora en este asunto se ha mostrado expectante, aguardando un estímulo de fuera. Si ya ha recibido este impulso, debería aprovecharlo. En caso contrario, su espera será en vano, y debería modificar su comportamiento en el sentido que le marca la carta de la posición 5 (presumiblemente más actividad).

Posición 5

Espere una buena oportunidad que se le ofrecerá en breve. Muéstrese dispuesto a dejarse arrastrar y a proporcionar a todos el placer del riesgo que se le exige a usted. Muestre que tiene temperamento y que no se arredra ante una prueba de valor. No rechace ninguna invitación u ocasión por miedo a no estar a la altura de las circunstancias.

Caballo de Bastos

Correspondencia astrológica

Marte en Aries como expresión de afán emprendedor, sed de experiencias, temperamento, sed de aventuras e impaciencia

CABALLO de BASTOS

Imagen mitológica

Noto, el cálido viento del Sur. Su calor era muy apreciado; por el contrario, sus calientes tormentas de otoño eran temidas como devastadoras de las cosechas

Correspondencia del I Ching

—

El Caballo de Bastos encarna una atmósfera entre cálida y ardiente, en la que pueden encontrarse la alegría de vivir, la pasión y un exaltado entusiasmo, pero también impaciencia, irascibilidad, impulsividad y tempestuosa exageración. Por tanto, depende mucho de qué ámbito de nuestra vida marca esta carta para saber si podemos gozar de su calor o tenemos que temer su fogosidad, su inestabilidad. La impaciencia que esta carta expresa significa que queremos todo, y además inmediatamente. Cuando no se consigue o no lo recibimos, reaccionamos con rabia, ira y agresividad. Por otra parte, el calor propio del Caballo de Bastos es vivificante y arrebatador, capaz de distender algunos ambientes helados y llevar nuevos bríos a situaciones que se encuentran embarrancadas.

En el terreno profesional, esta carta significa que estamos llenos de ardor e impaciencia y nos cuesta sobremanera aplicar la razón a los acontecimientos que normalmente la necesitan. Esto quiere decir que, si bien acometemos nuestras tareas fuertemente motivados y llenos de entusiasmo, actuamos a altibajos, mostramos poca constancia y perdemos el interés al menor obstáculo. Paralelamente, el Caballo de Bastos puede indicar una fogosa competencia y arrebatos temperamentales en el puesto de trabajo.

En el ámbito de nuestra conciencia, esta carta significa que nos encontramos en una fase de «tormenta e impulso» en la que nos afanamos en pos de ideales o nos formamos o defendemos convicciones fundamentales, sin incumbirnos su posible justificación objetiva o sin cuestionarnos sus posibilidades de realización. La capacidad de entusiasmo que desarrollamos en esas épocas tiene también algo de arrebatador y vivificante para los demás, resultando por tanto refrescante en algunas situaciones. Pero donde se manejan los hilos del futuro, la fogosidad de este estado de ánimo conduce a acciones y decisiones precipitadas.

En el terreno de nuestras relaciones personales, esta carta puede indicar el fuego incandescente de la pasión, además de conflictos marcadamente temperamentales. Ambas cosas pueden conducir con facilidad a excesos escenificados con mucho dramatismo. Pero, cuando estas energías se enfocan a empresas comunes, desarrollan una fuerza considerable que convierte a los contrincantes en compañeros de lucha.

Posición 2

Hasta ahora ha considerado el asunto lleno de impaciencia y desde su atalaya de subjetividad. Tal vez sea combativo, exigente o impertinente, pero en todo caso está siempre en tensión y nada dispuesto a seguir esperando o a aceptar ningún tipo de compromiso. A pesar de todo, tenga cuidado de no destruir con su precipitación algo que con un poco de paciencia podría medrar hasta su máximo esplendor.

Posición 7

Convénzase de que la paciencia y la espera prolongada no le aportarán nada en este asunto. Exprese sus convicciones aunque se trate de opiniones muy recalcitrantes. Si la carta de la posición 1 le alienta a ello, apueste sin miramientos «a todo o nada».

Posición 3

Tiene un corazón fogoso. O echa chispas de impaciencia y sed de experiencias, o hierve de rabia. Cualquier referencia a la paciencia o la reflexión tiene que parecerle una afrenta. No obstante, déjese aconsejar por la carta de la posición 6 sobre cuál es la actitud interna que le llevará seguro a su meta.

Posición 6

No puede esperar más. Atrévase a dar el gran salto. Tenga el coraje de hacer lo que le impulsan sus sentimientos. Déjese arrastrar, haga partícipes a los demás de su entusiasmo. Y si está rabioso y encolerizado, debería atizar esos sentimientos.

Posición 4

Da una impresión demasiado impaciente y corajuda. Quizá haya estado también furioso y encolerizado. En cualquier caso, le han detectado su sed de experiencias o su fogosidad. ¿Ha demostrado también constancia?

Posición 5

Eche leña al fuego. Arriesgue «más», indiferentemente de si se trata del ardor de la pasión o del calor de la batalla. Actúe de forma enérgica y exigente. No le importe ser intrépido, aun cuando le cueste mucho trabajo exponerse tanto.

Reina de Bastos*

Correspondencia astrológica

Luna en Leo en sentido de alegría de vivir, temperamento, orgullo, seguridad en sí mismo e indomesticabilidad

REINA de BASTOS

Imagen mitológica

Hipólita y Pentesilea, reinas de las Amazonas. O Artemisa, reina de la caza y señora de los animales

Correspondencia del I Ching

—

La Reina de Bastos encarna la fuerza femenina del elemento Fuego. Simboliza por tanto la confianza en uno mismo, una flexibilidad felina que es expresión de su inteligencia y no tanto de su capacidad de adaptación. La Reina de Bastos es decidida, de voluntad firme y emprendedora. Su orgullo le da su enorme fuerza y poder interiores, pero por otra parte le hace ser sensible a la crítica y a la negación del reconocimiento y la admiración. Representa un grado tan alto de alegría de vivir y afirmación de la vida, que puede degenerar en delirante libertinaje y desmedida disipación. Su talento histriónico y su hambriento sentido de las pasiones la convierten en reina del drama, clarísimamente ilustrado en la imagen de Carmen.

En el terreno profesional, la Reina de Bastos simboliza nuestro deseo de mayor independencia y responsabilidad sobre nosotros mismos. Indica que somos accesibles y que estamos resueltos a asumir tareas de más envergadura para superarlas con fuerza y firme confianza. Encarna nuestra disposición a madurar y a evolucionar, gracias a la cual nos mantenemos a la altura de las nuevas misiones.

En el ámbito de nuestra conciencia, esta carta significa que nos abrimos a una fuerza vital que fomenta en nosotros el calor y el alborozo, pero también el valor y el afán emprendedor. Nos dice que ya no estamos determinados por mezquinas consideraciones utilitaristas ni que nos dejamos conducir comidos por la abulia. Indica la disposición a configurar activamente nuestra propia vida y a guiarnos por ideales propios. Significa por tanto un saldo positivo de experiencia vital, independencia y refinado sentido de la justicia.

En nuestras relaciones personales, esta carta simboliza una época de gran evolución y de afluencia de nuevas experiencias, a veces arrebatadoras. Indica nuestra resolución a dejarnos abordar y entusiasmar, remitiéndonos por tanto generalmente a una fase viva o delirante de nuevos contactos, a la vez que de sensible revitalización de las relaciones ya existentes. La seguridad de sí mismo representada por esta Reina significa que nos «emancipamos» en nuestras relaciones y que devolvemos con creces la apuesta a compañeros de relación que hasta entonces eran «superiores».

---

* Respecto a las peculiaridades de las figuras, ver pág. 17.

Posición 2

Hasta ahora ha considerado el asunto con excitación y con despierta atención. Está convencido de sí mismo e irradia esa fuerza. Conserve la fuerza de su confianza sin dejar que se transforme en fogosas exageraciones.

Posición 7

Vea el asunto con confianza y muéstrese abierto a las sugerencias y proposiciones de los demás. Someta su proyecto a un examen de principios y plantéese la pregunta de si es conciliable con su moral y sus ideales. Si puede dar una respuesta claramente afirmativa a esta pregunta, debería manifestar su convicción y, con su entusiasmo, apasionar a los demás por su plan.

Posición 3

Es usted dinámico y emprendedor. En su fuero interno sabe que su fe puede mover montañas. A pesar de su loable temperamento y confianza en sí mismo, no debería dejarse seducir hacia una dramática sobrevaloración de sí mismo o una magnificencia simulada, como tampoco perder de vista los límites de lo factible.

Posición 6

Deje que crezcan dentro de usted las energías de la confianza y la fe en sí mismo. Muestre su cálido corazón, sus ganas de vivir y su espíritu alegre. Déjese abordar y apasionar, pero escuche y preste atención a su sentido de la intuición para la justicia.

Posición 4

Ha aparentado gran conciencia de sí mismo y afán emprendedor, quizá también carácter ardiente y riqueza de ideales. Si las cartas de las posiciones 2 y 3 corroboran esas actitudes, bastaría que las complementara con lo que le indique la carta de la posición 7. Pero, si se ha marcado un farol, debería reconvenirse.

Posición 5

Demuestre su carácter independiente, su determinación y su fuerza de voluntad. Dé salida a su optimismo, su alegría de vivir y su experiencia de la vida. Entusiasme a los demás con la energía de convicción que tiene por su proyecto.

Rey de Bastos*

REY de BASTOS

Correspondencia astrológica

Sol en Leo como expresión de confianza en sí mismo y soberanía

Imagen mitológica

El noble Rey Arturo o el sabio Rey Salomón

Correspondencia del I Ching

—

El Rey de Bastos representa el lado masculino del elemento Fuego, cuyo poder de revelación puede ilustrarse con la imagen del Rey Sol Luis XIV. Es la encarnación de la confianza en uno mismo, de la afirmación de la vida y del placer por la riqueza, el poder y la grandeza. Estos atributos no deberían vivirse únicamente a su nivel más superficial de mero disfrute de la propia grandiosidad, sino que pueden modelarse ejemplarmente en beneficio de todos los interesados. Esta carta expresa fuerza de voluntad, autoconvencimiento, aspiración ideal hacia el crecimiento, máxima evolución y maduración de la persona. Sólo su exageración negativa conlleva autoconsagración, engreimiento, ostentación y fanfarronería.

En el terreno profesional, el Rey de Bastos simboliza una conducta consciente de sí mismo, convincente y definida, espíritu emprendedor e intensa motivación. Indica gran talento organizativo y conjuga afán de liderazgo con las cualidades propias para ello. Simboliza dinamismo, compromiso y gusto por el riesgo. El Rey de Bastos es la fuerza impulsora del trabajo en equipo. No obstante, cuando su sentido de la realidad está ofuscado, puede llevar a un ajetreo caótico, a una laboriosidad infructuosa. El punto débil del Rey de Bastos es la ausencia de sensibilidad para los plazos, con lo que pueden producirse planificaciones erróneas, llegando incluso a que alguna buena intención se quede precisamente en eso.

En el ámbito de nuestra conciencia, esta carta señala un proceso de maduración que va ligado a una ampliación de nuestros horizontes y a la búsqueda de la sabiduría. Se trata sobre todo del desarrollo de nuestra fuerza de voluntad y de nuestros poderes y convicciones morales. Como Rey de Bastos, vivimos la realidad como un enorme anfiteatro en el que podemos expresar nuestras concepciones y nuestra voluntad. Además, es una época en la que crecen nuestras concepciones de valor y nuestras convicciones religiosas, que resultan determinantes para nuestro comportamiento; precisamente su subjetividad tiene algo de personal que puede ejercer influencia sobre los demás.

En nuestras relaciones personales, esta carta expresa calor, generosidad y honrado compromiso. El Rey de Bastos significa en este terreno actividad y afán emprendedor, cualidades que gusta mimar y vivirlas en su propia magnanimidad. Indica que en el fondo estamos orgullosos de nuestra relación o que buscamos una pareja cuyo ser irradie una fuerte personalidad.

* Respecto a las peculiaridades de las figuras, ver pág. 17.

Posición 2

Hasta ahora ha contemplado el asunto desde su subjetivo punto de vista y supone que todo es una cuestión de voluntad. Sin lugar a dudas, su fuerza de convicción es una gran ayuda. A pesar de todo, debería comprobar si no está alimentando un prejuicio.

Posición 7

Afronte convencido y con consciencia su proyecto. No deje que las pusilánimes consideraciones oportunistas o el ruin apocamiento de los demás le irriten. Permítase gozar de un punto de vista totalmente subjetivo y atrévase con la suerte. Su mente positiva le lleva a la meta.

Posición 3

Tiene una fe intensa y está convencido de que el asunto es correcto. Su certidumbre y su ánimo son dos premisas importantes. Probablemente la autocrítica no sea uno de sus puntos fuertes. Reflexione si ha planificado un tiempo suficiente para que su plan pueda realizarse a pesar de eventuales contrariedades.

Posición 6

Déjese guiar por la fuerza de su fe y su certidumbre interna. Permanezca fiel a sí mismo y a sus principios morales. Confíe en su sentido de la justicia y demuestre en este asunto su grandeza interior.

Posición 4

Da impresión de seguridad, optimismo y magnanimidad, y ha actuado convincentemente. Podrá contagiar su entusiasmo a los demás y llevarles a la acción. ¿No habrá sido quizá un poco arrogante o jactancioso?

Posición 5

Muestre toda su personalidad y defienda su postura con franco énfasis. Demuestre su temperamento. Asuma el papel de guía y sea generoso y altanero de cara a los demás. Le apreciarán y le respetarán.

As de Espadas

Correspondencia astrológica

Mercurio/Marte significando sagacidad y resolución, o Mercurio/Júpiter como aumento de la cognición y suprema razón

Imagen mitológica

La espada (de la fuerza reveladora) con la que Alejandro partió el nudo gordiano (de los lazos anímicos)

Correspondencia del I Ching

—

Todo As encarna una oportunidad que se halla dentro de nosotros. El As de Espadas corresponde al principio de la suprema razón que, como fuerza reveladora, conduce a la claridad, lo inequívoco y la determinación. A diferencia de la carta que le sigue (Dos de Espadas), que expresa la fuerza disociadora de la duda, aquí se muestra la actuación de la razón en su aspecto iluminador, clarificador y liberador. Se trata de penetrar y analizar un problema con la sagacidad apropiada, sin perder la perspectiva del conjunto o desgastarlo con palabras o minimizarlo.

En la vida profesional, esta carta simboliza la lucidez de conocimiento con el que se adoptan decisiones inequívocas; igualmente simboliza soluciones a problemas muy intrincados. Esto puede significar una fresca brisa que lleva nuevos bríos a las viejas costumbres, o que las negociaciones que se encuentran estancadas reciben un giro decisivo. Se puede tratar también de una conversación clarificadora que disipa el «aire cargado» del ambiente de trabajo. En último término, el filo y lo disyuntivo que tiene esta carta de Espadas pueden indicar también la decisión bien meditada de abandonar nuestro antiguo ámbito de trabajo.

En el ámbito de nuestra conciencia, este As significa que los problemas que antes nos parecían obstáculos insalvables deberíamos descomponerlos en fragmentos individuales y asequibles buscando la solución para cada uno de los segmentos individuales, para volver a juntarlos a continuación en un todo más nítido. Gracias a este poder de análisis y síntesis, podemos liberarnos de grandes aprietos y dependencias y seguir nuevos caminos dirigidos a nuestro objetivo.

En el terreno de nuestras relaciones personales, el As de Espadas puede simbolizar la conversación clarificadora que libera, o indicar la solución y superación de problemas profundamente arraigados. A este nivel, el carácter reservado y frugal de esta carta tiene frecuentemente un lado desilusionador que puede conducir a separaciones.

Posición 2

Ha analizado el asunto con inteligencia y total nitidez para llegar a un conocimiento claro del mismo y a una resolución unívoca. Tenga cuidado de no desgastar el tema de tanto hablar y de no perder la visión de conjunto.

Posición 7

Primeramente considere el asunto en abstracto y trate de reconocer las ideas o fórmulas subyacentes. Avance lógicamente hasta llegar al detalle y saque luego las consecuencias con todo rigor. De esa forma podrá reconocer el punto capital y llegar a un criterio claro y unívoco.

Posición 3

Nota que el asunto pende de un hilo y que hay que llegar a una resolución clarificadora. Además es crítico y frío. Déjese inspirar en su criterio interno por la carta de la posición 6.

Posición 6

Debe afrontar el asunto con frialdad y sobriedad, dispuesto al conflicto y con un sano escepticismo. Esté completamente despierto y procure ganar interiormente algo de distancia. Con ello, le sobrevendrá con facilidad un juicio sincero y podrá adoptar una decisión inteligente.

Posición 4

Hasta ahora ha dado una apariencia inteligente y acomodadiza y de tener un distanciamiento crítico. Ha mostrado que para usted se trata de una decisión poco efusiva con la que quiere aclarar la situación. La carta de la posición 7 puede darle una pista sobre qué tipo de solución podría tratarse.

Posición 5

Muestre su determinación a aclarar el asunto con inteligencia y habilidad. Deje claro que es de espíritu ágil, que tiene capacidad lógica y que es ingenioso cuando se trata de solucionar problemas, y que, después del análisis, es capaz de llegar a la síntesis. Guarde una distancia prudencial y esfuércese por conseguir la máxima objetividad.

Dos de Espadas

Correspondencia astrológica

Luna en Géminis como expresión
de profunda duda interior

Imagen mitológica

Tomás el incrédulo

Correspondencia del I Ching

38 K'uei / El Antagonismo

Esta carta revela situaciones caracterizadas por
la duda pertinaz y corrosiva. Indica el desespe-
rado intento de lograr capacidad resolutiva y
una actitud clara a nivel intelectual. Pero el
auténtico convencimiento sólo puede surgir
cuando nuestros conocimientos se apoyen también en el nivel de nuestros sentimientos. Esta
región del subconsciente, que en la carta viene
representada por el mar y la luna, está cortada.
Las espadas cruzadas, las barreras del intelecto,
impiden el acceso. De esta forma, la carta indica la precaria situación en que caemos cuando
pugnamos tenazmente por encontrar el conocimiento revelador sin escuchar la voz de nuestro
interior. El Dos de Espadas es el polo opuesto a
la carta de La Suma Sacerdotisa (II), con la que
tiene en común la postura sedente. Los tonos
azules característicos de los poderes intuitivos
de la Suma Sacerdotisa se hallan aquí en un
segundo plano. La persona misma se sienta en
una zona gris, que quizá exprese la palidez del
pensamiento, lo vago, la «teoría gris». En los
cuentos es frecuente que esta fuerza de la duda
que socava la confianza esté personificada por
el lobo.

En el terreno profesional indica que hemos
desembocado en un punto en el que nos asaltan profundas dudas sobre cuál debe ser nuestro comportamiento, y en el que simultánea-
mente nos resistimos con vehemencia a confiar
en nuestra intuición. Si bien es cierto que la
duda metódica puede proporcionarnos valiosas
intuiciones en esta situación, si negamos obsti-
nadamente a nuestro sentimiento su derecho a
intervenir, no se obtendrá ninguna actitud clara
ni ninguna actuación convincente.

En el ámbito de nuestra conciencia, esta
carta expresa potentes capacidades analíticas.
Es muy posible que la agudeza del intelecto

pueda desatar hasta los más complejos intrinca-
mientos en secciones fragmentarias asequibles.
El peligro apuntado estriba en que al final nos
quedamos paralizados ante un montón de fragmentos, sin saber cómo podemos lograr que de
ellos vuelva a surgir una nueva unidad. Sin el
acceso al mar, que significa la totalidad, podremos seguir avanzando hacia intuiciones parcialmente brillantes pero que inciden negativamente, y no encontraremos la paz interior. El rigor
de esta actitud se expresa a la perfección en el
famoso adagio del geniecillo de Descartes:
«todo lo que sólo existe probablemente, probablemente es falso».

En nuestras relaciones personales, esta
carta indica desgarramiento interno, escepticismo, voluntad irresoluta o incapacidad de decidir. Aquí debe considerarse críticamente, ya que
impregna con el cáustico veneno de la duda los
sentimientos sustentadores de una relación: el
amor, la confianza y la correspondencia mutua.
En algunas situaciones, éste podrá ser el único
medio salvador que nos saque de insoportables
complicaciones. En tales casos, este medio sólo
debería utilizarse para solucionar el problema,
como si de una medicina se tratase, pero bajo
ningún concepto convertirse en costumbre.

Posición 2

Hasta ahora se ha enfrentado a su situación con escepticismo o sin decisión. De su punto de vista distanciado críticamente no podía surgir ninguna conducta clara, y ni siquiera optimista. Después de que ha analizado todo concienzudamente, habrá llegado el momento de tomar una resolución clara e inequívoca.

Posición 7

Considere el asunto con escepticismo. Por esta vez, no tenga la más mínima consideración hacia sus sentimientos y analice críticamente con lupa sus deseos y angustias. Elija el camino de la duda y pugne por llegar a conocimientos claros; de lo contrario, corre peligro de verse burlado.

Posición 3

Hasta ahora sus sentimientos eran contradictorios. Ha desconfiado de su intuición y ha estado en un tira y afloja entre sentimiento y pensamiento. Probablemente estaba desconcertado y envuelto en dudas, y no podía creer realmente en una vía o un avance. Ahora ha llegado el momento de volver a encontrar el equilibrio interior.

Posición 6

En este asunto cuestione a fondo sus sentimientos. Es demasiado crédulo y tiene que adoptar una actitud extremadamente crítica. Aun cuando la duda ofenda, debe resistirse con todas sus fuerzas a confiar en sus instintos o a obedecer a sus deseos y anhelos. Si su situación le angustia, utilice toda la fuerza de la razón para lograr claridad y liberarse de molestias y pesadillas.

Posición 4

Hasta ahora ha mostrado su escepticismo, sus dudas, quizá incluso su incapacidad de tomar una resolución. Ha afrontado el asunto sin fe, y a veces con un sentido en exceso crítico. Tal vez haya dado también una sensación de desesperación.

Posición 5

Actúe de forma marcadamente crítica. Muestre su escepticismo y deje claro que no se deja atrapar por promesas vanas. En este asunto sea frío y calculador.

Tres de Espadas

Correspondencia astrológica

Marte/Luna como expresión de sentimientos vulnerados. En conjunción con Mercurio, como la resolución tomada en contra del sentimiento

Imagen mitológica

La decisión de Abraham de sacrificar a su hijo Isaac. Antígona, quien desobedeciendo la orden del rey Creonte, dio sepultura a su hermano Polinices

Correspondencia del I Ching

23 Po / La Desintegración

Debido a su enunciado gráfico, es habitual que esta carta se interprete de forma muy superficial y precipitada como la experiencia dolorosa, en especial como penas de amor. Y ése es un aspecto parcial de la carta que, si bien es importante, empaña su significado principal. El significado primordial del Tres de Espadas es la resolución tomada en contra del sentimiento. El que esta resolución sea una actuación cuestionable o un acto de liberación es algo que sólo se puede enjuiciar considerando el trasfondo de la pregunta consultada o el resto de las cartas de la tirada. Cuando la tiranía de la razón martiriza la vida afectiva, esta carta resulta muy sospechosa. Pero en los casos en que indica que gracias a nuestra razón nos liberamos de dependencias y de dudosas costumbres, significa un paso doloroso, sí, pero necesario.

En el terreno profesional, el Tres de Espadas significa que, tras larga reflexión, nos decidimos por comportamientos que contradicen nuestro sentimiento. Puede ser la asunción de un trabajo indeseado, una conversación que tenemos que mantener aunque todo en nuestro interior se oponga a ello. Si ocupamos funciones directivas, esta carta puede expresar que por nuestro cargo tenemos que criticar severamente a un compañero que por lo demás apreciamos mucho. Naturalmente, esta carta también puede significar que caemos enfermos o que sufrimos una lesión, o que tenemos una experiencia dolorosa, pudiendo llegar al extremo del despido.

En el ámbito de nuestra conciencia, el Tres de Espadas indica que nos encontramos en un desilusionador proceso evolutivo en el que trabamos conocimiento de hechos dolorosos. Puede tratarse de que nos desliguemos de puntos de vista o costumbres a los que estábamos habituados, o de que tenemos que superar iner-

cias internas, o de que tenemos que tomar decisiones que nos asustan o que son contrarias a nuestras concepciones más íntimas. Cuando una intelectualización incontrolada congela valiosos sentimientos, esta carta es una advertencia; pero cuando el tajo de la razón nos libera de las excrecencias de sentimientos insanos, este doloroso trance es tan vital como una operación a vida o muerte.

En el terreno de nuestras relaciones personales, esta carta simboliza generalmente penas de amor. Indica desengaños, agravios, ofensas; y a menudo el final de una relación. Pero también en este terreno puede tener un significado hondamente positivo: la determinación con que, a despecho del dolor, nos desligamos de una relación que nos había influenciado negativamente y nos había herido.

Posición 2

Se ha dado cuenta de que su proyecto está ligado a experiencias dolorosas y amargas decepciones. Si está seguro de que con ello pondrá fin a un estado insoportable, no debería dejar que nada le hiciera cambiar de opinión. Si, por el contrario, está tratando de reprimir valiosos sentimientos mediante el pensamiento negativo, esta carta es una clara advertencia. La carta de la posición 7 le dirá la actitud que deberá adoptar.

Posición 7

No se arredre ante experiencias desagradables. Confíe plenamente en lo que le inspire su razón, que le ayudará a liberarse de su situación. No tome en consideración sus sentimientos y acabe irrevocablemente con las viejas costumbres.

Posición 3

Está profundamente herido y decepcionado. O ha atravesado una fase necesaria de desencanto, o ha impregnado sus sentimientos con el mordaz veneno de la razón, causando casi la autodestrucción. Verifique cautelosamente si se encuentra en el camino correcto. La carta de la posición 6 puede proporcionarle una ayuda importante.

Posición 6

Se encuentra en la situación de un enfermo que sólo puede curarse con una operación. Anímese, sea valiente y siga el camino doloroso del conocimiento. Libérese de toda dependencia y aléjese con todas sus fuerzas de los sentimientos insanos. Cuando hayan cerrado sus heridas, se sentirá sano y, sobre todo, curado y aliviado.

Posición 4

Da la sensación de estar apesadumbrado y afligido, como alguien que atraviesa una profunda crisis vital. O se muestra como una persona que tiene sus sentimientos totalmente bajo control. Si su conducta es reflejo de una fase pasajera, puede serle de gran ayuda exteriorizar los sentimientos dolorosos. Si, por el contrario, se ha convertido ya en una imagen habitual, debería buscar con urgencia el camino hacia el lado afirmativo de la vida. Las cartas de las posiciones 5, 6 y 7 pueden indicarle dónde encontrarlo.

Posición 5

Exteriorice su dolor y su desencanto, y sobre todo su determinación a ser consecuente y permanecer fiel en su línea. No se deje extraviar; esta vez siga el camino diáfano, aunque duro, de la razón. Cada paso que dé y cada día que transcurra le darán seguridad y le protegerán del peligro de reincidir.

Cuatro de Espadas

Correspondencia astrológica

Saturno en la quinta casa como expresión de creatividad inhibida, o en la sexta casa como signo de enfermedad

Imagen mitológica

Los héroes retirados que aguardan a que regrese su hora y que el mundo los necesite y los llame: el Rey Arturo en la nebulosa isla de Avalón, el káiser Barbarroja en Kyffhäuser

Correspondencia del I Ching

9 Hsiao Ch'u / La Fuerza Domesticadora de lo Pequeño

El Cuatro de Espadas es la carta de la inacción, de la inhibición de la actividad y de la paz impuesta. En este sentido se asemeja mucho a El Colgado (XII), del que se diferencia por estar más orientado hacia los acontecimientos: los obstáculos e impedimentos que se anuncian aquí son más asequibles y fáciles de entender, por lo que pueden volver a afrontarse sin que ello exija un giro en la vida. El significado de esta carta se ilustra muy claramente con la imagen de una enfermedad, a la que también puede hacer referencia. Nos separa de nuestras actividades, obligándonos al reposo. Queda a nuestro albedrío sufrir por esta renuncia o saludar este reposo como una ocasión propicia para reconciliarnos con nosotros mismos. Con ello se expresa claramente que podemos utilizar esta fase de inacción como una pausa meditativa, pero que no extrañamos su ausencia.

En el terreno profesional, el Cuatro de Espadas significa que nada avanza. La evolución de los acontecimientos ha llegado a un punto muerto, nuestras fuerzas están agotadas por la resistencia encontrada. Seguir significa correr riesgos alegremente, porque la resistencia externa y nuestras flaquezas pueden aunarse en el mayor de los desastres. Lo que necesitamos en esas ocasiones es tranquilidad, distancia, reposo y, por qué no, la ayuda de un médico o el consejo de un terapeuta. Sólo cuando hayamos recuperado nuevas fuerzas (por ejemplo, mediante unas vacaciones), podremos afrontar con renovada confianza los problemas que antes no nos parecían ofrecer ninguna posibilidad de éxito. Nos asombraremos del poco trabajo que nos cuesta.

En el ámbito de nuestra conciencia, esta carta significa que, con toda probabilidad, el trabajo nos ha abrumado mentalmente, y que no somos capaces de articular un pensamiento claro. Fracasamos en obstáculos que antes habíamos sorteado con facilidad, y no vemos futuro. Si, a pesar de todo, hacemos caso omiso de la advertencia de esta carta y seguimos torturándonos, la consecuencia puede ser una desesperación abismal. En vez de ello, lo que tendríamos que hacer es concedernos el descanso tanto tiempo merecido y dedicarnos con más intensidad a los placeres lúdicos, que primeramente nos harán olvidar los problemas. Nuestros reparos por pensar que estamos dilapidando el tiempo son absurdos: si nos empeñamos en continuar en ese estado, nos arrastraremos penosamente por algo que, con fuerzas renovadas, lograríamos con gran placer en un tiempo reducido.

En el terreno de nuestras relaciones personales, esta carta indica que estamos aislados. O bien nos sentimos abandonados y excluidos del gran juego del amor, o bien nos sentimos aislados y desfallecidos dentro de nuestra relación. Con este panorama como telón de fondo, el Cuatro de Espadas es una advertencia de que estamos en el mejor de los caminos hacia el agotamiento o la resignación. Deberíamos concedernos un descanso, dejar a un lado los problemas y cuidarnos con esmero, mimarnos incluso.

Posición 2

Sabe que en este asunto las cosas hace tiempo que no avanzan, y que ha tenido que renunciar a los tiempos de gloria. Consulte si la carta de la posición 1 le ofrece una perspectiva de mejoría o de reactivación. En caso contrario, debería dejar que repose el asunto hasta que haya recuperado fuerzas.

Posición 7

Debe concienciarse de que su asunto se dirige hacia un punto muerto y que esto no hará sino retardarlo. Si, a pesar de ello, persiste en su empeño, agotará sus fuerzas y al final tendrá que ceder. Acepte que no es el momento de realizar sus planes. Deje que las cosas reposen durante algún tiempo y dirija su interés a otras áreas.

Posición 3

Se siente paralizado y nota que está atrapado en un callejón sin salida. Sólo en el caso de que la carta de la posición 6 le aconsejara ponerse otra vez en acción, debería movilizar todas sus reservas internas e intentarlo de nuevo. En cualquier otro caso, tiene que cuidarse y permitirse a sí mismo disfrutar de algo bueno.

Posición 6

Deje enfriar sus sentimientos. Por el momento, el asunto no tiene visos de progresar ni de experimentar una mejoría. No malgaste su energía perseverando pese a todo. Conceda una tregua para ocuparse con cariño de sí mismo. Déle un gustazo a su espíritu pintando, tocando música o meditando ascéticamente, sin ambición. «Airéese», vaya de fin de semana a la montaña, al mar, al campo; o salga a pescar. Pronto recobrará el ánimo.

Posición 4

Se ve por su actitud que las cosas no avanzan, que se ha estancado o que le han dejado como un cero a la izquierda. Da impresión de estar agotado. Tal vez incluso esté enfermo. Necesita urgentemente descanso. Mire qué es lo que le aconseja hacer la carta de la posición 5.

Posición 5

Parece que ya haya fracasado una vez en su proyecto, o al menos está empantanado. No oculte que se encuentra exhausto y cansado. Ponga al mal tiempo buena cara: aproveche el tiempo para desconectar y alcanzar la paz interior. Váyase de vacaciones; y, si está enfermo, cúrese completamente.

Cinco de Espadas

Correspondencia astrológica

Marte en Escorpio en su expresión oscura como fuerza destructiva e infamia

Imagen mitológica

Ares, dios griego de la guerra, y su hermana Eride, diosa de la discordia. O Estige, «el Cruel», personificación del Odio

Correspondencia del I Ching

6 Sung / El Conflicto

El Cinco de Espadas es con mucho la carta más infame de los Arcanos Menores del Tarot. Indica un agudo conflicto, vivas polémicas, golpes bajos, infamia y humillaciones. La carta no dice si estos dañinos rencores parten de nosotros o si nos hemos visto envueltos en una situación peligrosa, en una emboscada, y nosotros somos la víctima. Sólo el resto de las cartas de la tirada pueden darnos la solución. Pero hay casos en los que el Cinco de Espadas significa una victoria pírrica de la que el vencedor no se alegrará por mucho tiempo.

En el terreno profesional, esta carta indica que nos encontramos en una fase muy difícil que puede estar marcada por las calumnias y difamaciones, las maldades y las humillaciones de la peor calaña: no es raro que se trate de despidos en los que hay una segunda parte que se disputa en los juzgados. Pero también puede indicar una dura derrota en determinados proyectos o el fracaso en los exámenes. Por último, simboliza una política comercial sin escrúpulos «que pasa por encima del cadáver» de cualquiera que se interponga en su camino.

En el ámbito de nuestra conciencia, el Cinco de Espadas significa que nos encontramos en una fase agresiva de pensamiento destructivo, que puede abarcar desde la iracundia y la cólera destructiva hasta la misantropía y el enaltecimiento de la violencia, y con no poca frecuencia puede volverse contra nosotros mismos: en forma de agotamiento físico o de tendencias suicidas. En su forma más crítica, esta carta expresa una mentalidad de cruzado que disfraza su actuar asesino con la hipócrita etiqueta de «virtud», o que lo justifica como servicio a una causa elevada. En el camino hacia la toma de conocimiento, también puede expresar el inmisericorde hundimiento de la antigua

visión del mundo y la profunda humillación que lleva asociada; no obstante, premisa necesaria para alcanzar una verdad mayor.

En nuestras relaciones de pareja, esta carta caracteriza una fase regida por la crueldad, el odio, la infamia y los sádicos apetitos de posesión en la que los miembros de la pareja se inflingen profundas heridas y se asestan malévolos golpes bajos. Por tanto, señala una relación que, o bien ya ha fracasado, o bien está al borde del naufragio. Como las posiciones enfrentadas y endurecidas apenas hacen posible encontrar por sus propios medios una solución amigable, parece que el único camino hacia la reconciliación con visos de tener éxito es acudir a un tercero neutral. De cualquier modo, la cuestión es saber si ambos miembros de la pareja pueden decidirse a dar ese paso, o si, al proponerlo, el presuntamente más débil sólo cosechará la burla y el escarnio del presuntamente más fuerte.

Posición 2

Se ve en una fase difícil de agudizados conflictos y de feas disputas, en los que teme sufrir una humillante derrota. O usted mismo está lleno de odio y pensamientos destructivos, dispuesto a «arrasar cabezas». Si no cambia inmediatamente su actitud, saldrá siempre malparado con profundas lesiones. Por ello, compruebe con sumo cuidado lo que le proponen las cartas de las posiciones 5 a 7.

Posición 7

Conciénciese de que entra en una situación extremadamente explosiva que puede conducir a una despiadada batalla y a una amarga derrota: el presunto vencedor será al mismo tiempo el perdedor moral. Si realmente no tiene alternativa y no puede abandonar su asunto, debería dar lo mejor de sí para no dejarse arrastrar a la vorágine de la infamia. Esté preparado para las trampas que le tiendan.

Posición 3

Ha sufrido profundas vejaciones y humillaciones y ahora se siente destrozado. Probablemente está meditando la venganza y forjando malévolos planes para devolver con la misma moneda las injusticias cometidas con usted. O, por cualquier otro motivo, está amargado y lleno de odio. Reflexione sobre la sabiduría de estas palabras: «quien a hierro mata, a hierro muere»; y búsquese otra válvula de escape para neutralizar su cólera y su agresividad. Desfóguese cortando leña, yendo a esquiar, corriendo una maratón o practicando cualquier deporte en que tenga que dar golpes.

Posición 6

Presente batalla; demuestre que puede responder y resistir en pie los ataques más infames y las emboscadas más arteras. Pero exteriorice también su convencimiento de que el aguante irracional hasta el amargo fin sólo conduce a un endurecimiento duradero, y que está dispuesto en todo momento a presentar el asunto a una tercera persona.

Posición 4

O ha dado la impresión de estar destrozado o profundamente herido, o su actitud es despiadada, sarcástica, desvergonzada y humillante. En ambos casos se arriesga a una severa derrota y debería variar inmediatamente su conducta en el sentido que le indica la carta de la posición 5.

Posición 5

En su proyecto entra en una fase en la que le calumnian, le afligen y le atormentan o en la que se expone a desagradables afrentas y bajezas. O es usted mismo quien tiende a los actos de venganza y quien se deja arrastrar a la infamia y la cólera destructiva ciega. Si no hay ninguna posibilidad de soslayar esta experiencia, debería pujar con todo su valor y con toda su fuerza moral para, por lo menos, quedar como vencedor en este conflicto. No acuda al reclamo de una emboscada.

Seis de Espadas

Correspondencia astrológica

Marte en la cuarta casa como la salida del entorno conocido y Mercurio en la novena casa, la búsqueda de nuevos horizontes

Imagen mitológica

El viaje de Gilgamesh por el Mar de la Muerte a la búsqueda de la Hierba de la Vida. El paso del pueblo de Israel por el Mar Rojo

Correspondencia del I Ching

3 Chun / La Dificultad Inicial

El Seis de Espadas expresa el cambio con el que alcanzamos nuevas orillas. Como carta de inicio que es, se halla a medio camino entre la alegre partida del héroe mostrada por El Carro (VII) y la partida pesarosa representada por el Ocho de Copas. En la carta que nos ocupa depende en gran medida de nosotros mismos saber si el cambio anunciado nos estimula e incita la curiosidad o si lo experimentamos llenos de angustia. En cualquier caso significa que llegamos a una nueva orilla: para lo cual hemos tenido que abandonar otra anterior, sin saber qué nos aguarda realmente al otro lado. Por tanto, expresa el dolor de la despedida, las incertidumbres, miedos y preocupaciones, pero también una cierta curiosidad y un tenso interés por lo venidero. Es importante ver que la nueva tierra hacia la que ponemos rumbo no significa necesariamente una salida de nuestras circunstancias anteriores, puesto que también puede indicar un paso dado a nivel interior: entrar en nuevos campos, aprender reglas de juego desconocidas o encontrar otras culturas y religiones. En el I Ching y en la mitología, atravesar el agua significa siempre el paso de la multiplicidad a la unicidad.

En el terreno profesional, esta carta indica que pisamos tierras nuevas. Puede simbolizar tanto un despido como un cambio de profesión, o la asunción de nuevas tareas. Pero en todos los casos indica que abandonamos un ámbito conocido para acercarnos con sentimientos de inseguridad, a veces incluso de angustia, al nuevo ámbito de actividad. Preferiríamos permanecer con los pies en la antigua orilla hasta que tuviéramos los pies firmemente asentados en la nueva. Pero esta carta significa que tenemos que desligarnos de lo antiguo antes de que entremos en contacto con lo nuevo. El estado de indecisión que hay en medio resume tres características de esta carta: el sentimiento de inseguridad, la fiebre de candilejas y la angustia que precede al examen. Pero, por lo general, al dar este paso podemos contar con la valiosa y experta ayuda de otros.

En el ámbito de nuestra conciencia, esta carta significa que nos aproximamos lenta y cautelosamente (a veces contando con una guía inteligente) a nuevas ideas, a veces lejanas. La misión de los viejos puntos de vista y la fase de incertidumbre antes de familiarizarnos con nuestros nuevos criterios es en este terreno el principal enunciado adivinatorio de esta carta.

En el terreno de nuestras relaciones personales, esta carta puede indicar tanto un cambio a nivel interno como un cambio de gran envergadura que puede conducir a vivencias completamente diferentes. Puede significar que renunciamos a una unión para alcanzar nuevas orillas. Pero también puede significar lo contrario: que cejamos en nuestra actitud reservada anterior (por ejemplo, abandonando nuestra existencia individual) y entramos en una relación verdaderamente profunda. Naturalmente, también es posible que se unan los dos enunciados: en el caso de que nos separemos de una pareja para comenzar una nueva relación. En cualquier caso, se trata de que dejamos nuestra anterior forma de vida para empezar otra nueva a la que no estamos acostumbrados.

Posición 2

Ve el cambio que va ligado al tema de su consulta. Sabe que tiene que separarse de anteriores criterios y puntos de vista para llegar a otros nuevos. Aun cuando este paso le haga sentirse inseguro, no debería dejarse disuadir.

Posición 7

Debe reorientarse, aunque le cueste trabajo. Despéguese de sus antiguos criterios y reconozca que tiene que partir. Desde la perspectiva de la orilla opuesta, reconocerá con bastante claridad lo que hasta ahora le resultaba enigmático y oculto. Comience lúdicamente con la pregunta siguiente: «¿qué pasaría si...?». Si nota que de repente se queda absorto en una idea, apunte una palabra clave que la defina. Eche una ojeada todos los días a sus notas. Una de esas ideas le llevará a la otra orilla.

Posición 3

Internamente se ha despedido del asunto y ahora se encuentra en camino hacia un nuevo futuro, con el corazón en un puño y quién sabe si con piernas temblorosas. Si capta con cautela su entorno, comprobará que no está solo, sino que es guiado por alguien. Además, las cartas 1 y 6 le dicen qué le espera en la otra orilla.

Posición 6

Debe separarse de sus antiguos sentimientos. Si interiormente se hallaba muy ligado al tema de su consulta, debería guardar cierta distancia. Si, por el contrario, había sido frío, reservado y negativo, ha llegado el momento de romper el hielo, superar nuestras reservas y lanzarnos a las cosas con disposición y franqueza interiores. Ahora tiene la oportunidad de llegar a la paz de la unidad partiendo del desgarramiento de la multiplicidad. Eso es lo que quiere decir el I Ching cuando dice: «Es propicio cruzar el gran agua».

Posición 4

Se ha separado y despedido y se encuentra en camino hacia nuevas experiencias vitales. Todavía es frecuente que mire atrás con el pensamiento preguntándose si su salida fue acertada. Observe la carta de la posición 1: puede decirle lo que le aguarda en la otra orilla y si se encuentra en el camino correcto.

Posición 5

Deslíguese de su anterior situación. Aun cuando no sea de su agrado, hágalo sin demora y sin vacilaciones. Tiene que aventurarse en una región nueva. Tan pronto como esté en camino, observará que le prestan ayuda desde algún sitio.

Siete de Espadas

Correspondencia astrológica

Mercurio significando artificio, engaño, bajeza y falsedad

Imagen mitológica

Hermes, dios de los ladrones, y su hijo Autólico, maestro del robo

Correspondencia del I Ching

44 Kou / El Ir al Encuentro, La Tentación

El Siete de Espadas nos muestra el lado sombrío del Mago (I), con el que tiene en común el fondo de tono dorado. La fuerza de la revelación, de la razón perspicaz y pensante, se representa aquí en su forma negativa de artificio, perfidia, bajeza y engaño. A un nivel más inofensivo, esta carta puede indicar carácter avispado y refinamiento, o la actitud del «escaquearse» como sin mirar, el «no querer darse cuenta», el «despedirse a la francesa», etc. En todos esos casos no está muy claro quién engaña a quién, si somos bandido o víctima. Pero por lo general somos los malhechores.

En el terreno profesional, esta carta significa que corremos peligro de ser engañados o embaucados; o incluso de intentar hacer negocios y obtener ventajas utilizando medios sucios. Las cuestionables artes de la hipocresía, el disimulo, la picardía y de los más diversos ardides ilícitos son las que llevan la batuta. Cuando un tema profesional está marcado por esta carta, deberíamos revisar de forma extremadamente crítica nuestro entorno, y sobre todo nuestra propia conducta, para no ser víctimas de (nuestras propias) intrigas. A un nivel más profano, esta carta señala al «escaqueador» que pretende sustraerse a la responsabilidad o hacer mutis a la chita callando en determinados trabajos.

En el ámbito de nuestra conciencia, esta carta significa que no queremos percatarnos de determinados hechos y que nos asustamos de los conflictos. Aquí se trata sobre todo de la insinceridad con nosotros mismos, que impide los puntos de vista profundos y que en los casos más conspicuos se deforma en engaño vital. Por tanto, aquí esta carta debe entenderse como advertencia y exhortación de que sometamos nuestra propia moral y nuestro actual comportamiento a un sincero y abierto análisis.

En el terreno de nuestras relaciones de pareja, el espectro de esta carta abarca desde bajezas menores como el placer sentido por el mal ajeno e hipocresía, hasta la mendacidad, la maldad, la perfidia y la impostura más malvadas. Además puede simbolizar ausencia de sinceridad, e indicar que eludimos una conversación aclaratoria con nuestra pareja, o que queremos rehuir el dar un paso importante.

Posición 2

Hasta ahora ha actuado con mucha sagacidad y ha estado meditando cómo escabullirse del asunto o cómo podría modificarlo en beneficio suyo utilizando trucos y ardides refinados. En cualquier caso entra en juego la falta de sinceridad: ya sea porque se engaña usted a sí mismo, impidiéndose vivencias importantes, ya sea porque quiere buscar la espalda, dañar o engañar a otros. También puede ser que haya reconocido a tiempo que le querían engañar o que le habían tendido una trampa.

Posición 7

Si las perspectivas mostradas en la posición 1 son alentadoras, esta vez debería utilizar toda su sagacidad y su inteligencia para alcanzar el objetivo. Se encuentra evidentemente rodeado de «bandidos», donde sólo podrá salir adelante con refinamiento, desvergüenza, e incluso falta de escrúpulos. Si, por el contrario, la carta de la posición 1 tiene un carácter más bien opresivo, debería dejar el proyecto tal y como se encuentra y poner pies en polvorosa lo más rápidamente que pueda.

Posición 3

Sus sentimientos son hipócritas. Trabaja con trucos y trata de engañar a otros con ardides y malicia. Aunque esta afirmación le parezca excesiva, debería repasar la sinceridad de sus sentimientos, para comprobar si se está cerrando a un punto de vista importante o si quiere eludir un conflicto necesario. Pero también puede ser que la carta diga simplemente que no tiene ganas y que interiormente se escabulle de su proyecto, o que nota que usted mismo es el engañado.

Posición 6

Si la carta de la posición 1 también tiene un significado igualmente dudoso, debería aguardar con calma para encajar alguna intriga. Esté permanentemente alerta para que no le engañen o le venzan en astucia. No obstante, a pesar de todo, no debería echar mano de medios que resulten cuestionables, pero seguro que unas pequeñas trampas le serán de gran ayuda. Si, por el contrario, la carta de la posición 1 le advierte de un daño real, debería salirse rápida y hábilmente del asunto.

Posición 4

Su actitud tiene algo de oculto, de insincero. Se le nota que ha sido un zorro, si no malicioso y desvergonzado. Si esta afirmación le parece exagerada, por lo menos a ojos de los demás no estaba dispuesto a tener una conducta clara en el asunto y a comprometerse sin ambigüedades. En vez de ello, ha estado dando vueltas a la sopa, intentando hacer trampas.

Posición 5

Debería eludir el asunto y buscar escapatorias con toda su astucia y sagacidad. Muestre su picardía y que también usted puede ser un tunante redomado si la falsedad y la mendacidad no dan oportunidad al jugador honrado. Preste atención a la carta de la posición 1. Puede advertirle a tiempo de posibles daños.

Ocho de Espadas

Correspondencia astrológica

Saturno en la cuarta casa como expresión de inhibiciones internas

Imagen mitológica

Dánae, que fue recluida en prisión para que no concibiera hijos, hasta que Zeus fluyó hacia ella en forma de lluvia dorada haciéndole concebir a Perseo

Correspondencia del I Ching

39 Chien / El Impedimento

El Ocho de Espadas indica que no dejamos que se active una parte importante de nosotros. Con ello se hace alusión frecuentemente a inhibiciones o prohibiciones que, si bien casi siempre tienen su origen en nosotros mismos, suelen proyectarse al entorno. Caracteriza la típica actitud del «sí, pero...», como lo describe el reverendo Ike en su famoso sermón[23]: «¡Cuánto me gustaría hacer esto o lo otro!, pero...», «¡Cuánto me gustaría ser esto o lo otro!, pero...», «¡Cuánto me gustaría tener esto o lo otro!, pero...». Lo único que se interpone entre nosotros y las cosas bonitas que queremos hacer, ser o tener es nuestro «pero». Esta carta nos exhorta a que reconozcamos que las limitaciones, dificultades y prohibiciones no se encuentran en el mundo exterior, sino que reflejan nuestros propios miedos e inhibiciones. El Ocho de Espadas significa siempre que reprimimos algo valioso dentro de nuestro ser. A veces puede tratarse de una renuncia pasajera o de una limitación fruto de un criterio más amplio.

En el terreno profesional, esta carta significa que en la profesión o por la profesión no desarrollamos partes importantes de nuestro ser, que sin embargo reprimimos. Si reconocemos que se trata de un lapso de tiempo abarcable en el que nos vemos forzados a tales limitaciones debido a condiciones especiales del momento, podríamos aceptarlo. Si, por el contrario, esta carta caracteriza un estado permanente, debe entenderse como una urgente exhortación a esforzarnos por conseguir una mayor libertad interior: si fuera necesario, cambiando de profesión.

En el ámbito de nuestras relaciones, esta carta tiene dos significados. Puede expresar la gélida tiranía el entendimiento con la que amordazamos aspectos, impulsos y sentimientos importantes, creyendo «tener perfectamente dominados» nuestros deseos, anhelos y sueños. También puede expresar que tomamos plena conciencia de este hecho, lo que quizá pueda ser un primer paso importante para liberarnos y redimirnos de nuestra cárcel interna.

En el terreno de nuestras relaciones personales, esta carta simboliza sobre todo las inhibiciones. Significa que ocultamos facetas de nosotros mismos porque no nos atrevemos a mostrarlas a nuestra pareja. Pero también puede simbolizar una relación en la que no desplegamos una parte de nuestro ser por creer que nuestra pareja no la entendería, se irritaría o no querría tolerarla. Esta carta es, también en este terreno, una exhortación urgente para que modifiquemos este estado, dado que a la larga la represión de una parte de nuestro ser socava el cimiento de la relación. Naturalmente, esta carta también puede expresar soledad si vivimos sin pareja. En este caso muestra que no estamos abiertos por dentro a aceptar un lazo de unión con todas sus oportunidades y riesgos, exigiéndonos primeramente crear las premisas internas necesarias que después nos llevarán al encuentro de lo externo.

Posición 2

Se ha dado cuenta de que en esta relación no ha sido libre hasta ahora y ha reprimido una parte importante de sí mismo. Tal vez haya aceptado conscientemente una renuncia pasajera. Sin embargo, si se trata de una limitación duradera, la carta de la posición 7 le indicará cómo puede librarse de sus ataduras.

Posición 7

Su proyecto le exige una renuncia, una limitación. Compruebe si se halla dispuesto a ello y si se trata de un periodo de sequía de duración concreta. En todos los demás casos debería desestimar su proyecto y darle la vuelta a su situación. De lo contrario, reprimirá una parte esencial de sí mismo.

Posición 3

Es usted apocado, tímido, o por lo menos retraído. Ha amordazado y ocultado importantes facetas de su espíritu; no se siente libre. La carta de la posición 6 le indica lo que tiene que hacer para no dejar que se convierta en un estado duradero insoportable.

Posición 6

Que quiera progresar en este asunto sólo depende del precio; de que se limite y reprima aunque sea una parte de sus sentimientos. Sólo cuando las cartas de las posiciones 1, 5 y 7 justifiquen un paso así, debería obligarse a ello por un periodo de tiempo limitado. En caso contrario, es mejor que se aleje de su proyecto.

Posición 4

Tiene actitud inhibida. Podría ser que no todo el mundo lo note; pero el observador atento sí nota que oculta o reprime algo importante. Probablemente la carta de la posición 2 le indique qué es lo que le retrae, y la carta de la posición 5, cómo podría actuar con más libertad.

Posición 5

Muestre que puede ser dueño de sus sentimientos y que se puede forzar a dar ese paso. No obstante, sólo debería hacerlo si de esa limitación no se deriva ningún estado permanente. En caso contrario, es mejor repensarse otra vez todo el asunto. Si con esta afirmación no puede empezar nada, esta carta significa lo siguiente: decídase por sus inhibiciones, muestre su timidez y apocamiento.

Nueve de Espadas

Correspondencia astrológica

Saturno/Luna como inquietud, opresión y sentimientos de culpa

Imagen mitológica

Las Erinias o Furias personificadas como remordimientos de conciencia: Alecto (la Constante), Tisífone (la Vengadora del Crimen) y Megera (la Envidiosa)

Correspondencia del I Ching

—

Esta carta de la noche insomne indica un estado de honda inquietud y abatimiento. Lo que puede aludir a un remordimiento de conciencia que no nos deja dormir, o a la experiencia de amenazas existenciales como enfermedades o pérdidas dolorosas. Muestra la angustia de las largas noches en que, atormentados por la inquietud, permanecemos en vela y esperamos vehementemente que despunte el día. Esta carta no determina si los sentimientos que nos quitan el sueño son de vergüenza o de culpa, o si son otros los temores que nos intranquilizan por tener a la vista una difícil tarea, o si se trata de amenazas reales basadas en hechos de nuestra vida. Indica sólo nuestra opresión, nuestra profunda inquietud, el terror del súbito y áspero despertar, la noche insomne*.

En el terreno profesional, esta carta significa que tenemos una actitud decaída y pesimista, que sufrimos nuestras tareas, nuestros superiores o el ambiente de trabajo. Puede expresar el miedo al fracaso debido a la carga que suponen trabajos que implican un riesgo desacostumbrado, o bien el miedo anterior a los exámenes o la fiebre de candilejas ante apariciones públicas. Tal vez sea también nuestro remordimiento de conciencia, que nos roba el sueño porque hemos tenido un comportamiento erróneo o negligente y tememos ser descubiertos.

En el ámbito de nuestra conciencia, esta carta indica oscuros nubarrones que ocultan la visión diáfana del asunto. Son miedos, angustias o sentimientos de culpa que, independientemente de que sean fundados o no, asaltan nuestra conciencia y nos irritan y desaniman. A veces se trata también de los temores a las consecuencias de algo de lo que nos hemos enterado pero que no queríamos saber.

En nuestras relaciones personales, el Nueve de Espadas expresa sobre todo la angustia al desamparo y el dolor de las separaciones. Puede ser tanto la opresión de la soledad como el miedo a perder un compañero de relación muy querido, y también los sentimientos y tormentos asociados a la duda existencial. Puede indicar inquietudes, justificadas o no, que tenemos por nuestro futuro inmediato. En algunos casos simboliza la vergüenza que sentimos cuando un compañero muy apreciado descubre o podría descubrir en nosotros facetas que pertenecen a nuestro lado oscuro.

---

* Esta carta es el origen de la expresión "ay, el nueve verde" como expresión de sorpresa, admiración y miedo. El actual palo de Picas, que corresponde a la hoja en la baraja alemana, procede del palo de Espadas del Tarot. A la hoja se le denomina frecuentemente Verde, por lo cual el Nueve Verde es equivalente del Nueve de Espadas. Como esta carta era muy temida por los cartománticos de feria, la expresión se convirtió en expresión de admiración y miedo.

(N. del T.): Desconozco una expresión similar en español que mantenga el juego de palabras con términos del mismo campo semántico. No obstante, el origen propuesto aquí para la expresión alemana es más que discutible, existiendo otros propuestos.

Posición 2

Se halla preocupado. Oscuras premoniciones o temores le han dificultado o impedido ver claramente su proyecto. Si sus miedos tienen su origen en el exterior, trate de aclarar el asunto conversando con sus amigos. Si, por el contrario, son consecuencia de sentimientos internos de pudor o de culpa, debería enfrentar ese lado sombrío y diluirlo antes de proseguir.

Posición 7

Reconozca que la vía más fiable hacia el crecimiento interior es la que nos guía adonde se encuentran nuestros miedos. Al superar nuestro umbral de angustia, nos despertamos; por el contrario, la huida cobarde nos debilita y nos hace más medrosos. Recorra conscientemente el camino a través de la noche. Su fe en que ese es el camino correcto aunará sus fuerzas y le dará la seguridad para recorrer erguido y con éxito todo el camino.

Posición 3

Se.ha dejado arrebatar la paz interior. Está meditabundo, atormentado y desmoralizado. Intente aclararse. Primero mire la carta de la posición 1, que le dice a qué está aguardando; y luego la carta de la posición 6, que le indica en qué sentido puede o debe modificar su postura interior.

Posición 6

Su camino le lleva primeramente a una fase de opresión o de remordimientos de conciencia. Trate de no reprimir estos sentimientos: lo único que haría es hacer que regresen a usted por las noches en forma de pesadillas y que le provoquen terror. En vez de eso, ábrase a sus inquietudes. Haga sitio a su dolor y a sus penas y explíquese. Experimentará cómo van olvidándose sus temores y después podrá respirar aliviado y liberado.

Posición 4

Su actitud ha estado caracterizada por la melancolía y la angustia. Se veían venir sus inquietudes y sus noches de insomnio. Descanse y concédase un respiro.

Posición 5

Probablemente hasta ahora haya reprimido sus temores y angustias. Esta carta le exige lo contrario: exteriorice sus penas, deje que otros participen de su dolor, hable sobre sus miedos y necesidades; y, si tiene remordimientos de conciencia, ponga en claro el asunto.

Diez de Espadas

Correspondencia astrológica

Marte/Saturno como el final caprichoso y violento

Imagen mitológica

Término, el dios romano adorado como hito de las lindes

Correspondencia del I Ching

18 Ku / El Trabajo de lo Echado a Perder

El Diez de Espadas simboliza, de forma similar a como lo hacía La Muerte (XIII), fin y despedida, el gran desasimiento. A diferencia de La Muerte, que expresa el fin natural, el Diez de Espadas expresa el final arbitrario, que puede ser violento y a veces extemporáneo. Como este final a menudo va acompañado de una experiencia vital muy dura, no tiene por qué ser éste necesariamente el caso: la abundancia de espadas simboliza la fuerza concentrada del entendimiento, que pone un violento punto final. Pueden terminar experiencias vitales muy enriquecedoras, pero también situaciones desagradables, malas costumbres y fases de la vida opresivas y perjudiciales. En todo caso se trata de una despedida dolorosa. Sólo por el contexto podremos enjuiciar si se vive con un sentimiento de carga o si se vive con alivio, como sucede en último término con una intervención quirúrgica. Las restantes cartas pueden decir si el final que se produce es necesario o errado, absurdo o precipitado.

En el terreno profesional, esta carta indica por lo general el final que se produce conscientemente, a menudo con brusquedad, y que termina con el puesto, la tarea o la actividad anteriores. Normalmente se trata de un despido con una reorientación subsiguiente totalmente diferente. Raros son los casos en que indica sólo cambios menores, como pueden ser traslados de departamento o la finalización imprevista de una tarea que teníamos asignada.

En el ámbito de nuestra conciencia, esta carta significa que ponemos un punto final con toda nuestra fuerza consciente. Esto puede querer decir tanto el abandono de ideas y convicciones concretas como la renuncia a la anterior actitud en la vida. Lo violento de esta carta tiene siempre un lado crítico y sospechoso: puede ser una advertencia de que estamos en un tris de destrozar anticipadamente algún valor vital real, o de que reprimimos con toda dureza alguna intuición importante porque no queremos percatarnos de ella cueste lo que cueste.

En el terreno de nuestras relaciones personales es donde el Diez de Espadas presenta su lado más dudoso y al mismo tiempo más inoportuno. Aunque también es cierto que puede significar el «dar por terminada» una relación realmente cargante e insana. Sin embargo, por lo general significa que matamos el sentimiento con toda la fuerza de nuestro entendimiento, con lo que cavamos fosas y enterramos cosas valiosas; algo que puede destruir las relaciones humanas.

Posición 2

Ha tomado conciencia de que se encuentra en una fase de separación y de despedida. Está decidido y dispuesto a asumir incluso las peores consecuencias. Compruebe una vez más si ese pronunciado tajo es realmente necesario, o si con ello sólo consigue dañarse a sí mismo y a los demás. Sólo manténgase consecuentemente en sus trece si la carta de la posición 7 confirma su actitud.

Posición 7

Debe poner punto final con toda energía y utilizar toda su razón para liberarse de esa situación. Conciénciese de que lo que antes tenía en mente estaba condenado al fracaso y de que sólo una renuncia nítida y completa le dará la necesaria libertad para empezar de nuevo en cualquier otro sitio.

Posición 3

Ha congelado sus sentimientos, si no los ha matado ya. Tenga cuidado de no convertirse en víctima del capricho de su razón. Sólo estará en el buen camino si la carta de la posición 6 apoya este corte. En caso contrario, ha sido demasiado cruel (con usted o con los demás).

Posición 6

Obviamente está cautivo en un mundo de sentimientos del que tiene que librarse rápidamente y a toda costa. Utilice toda la fuerza de su entendimiento para destruir el nudo gordiano en el que se han enredado sus sentimientos. Permanezca firme en su interior; impertérrito si fuera necesario. No asuma compromisos de ningún tipo. La carta de la posición 1 le indica lo que alcanzará con ello y puede darle el ánimo que necesita.

Posición 4

Ha puesto un nítido punto final y se ha soltado, con todas las consecuencias. Su conducta no deja lugar a dudas sobre su determinación libre de compromiso. Las cartas de las posiciones 2 y 3 le indican si su interior es igualmente consecuente; y la carta de la posición 5 le dice si debe seguir comportándose con ese rigor.

Posición 5

Haga tabla rasa y deslíguese con todas sus fuerzas de esa situación. Ponga punto final al pasado, dejando bien claro que no seguirá por el camino anterior. De esta forma hace sitio a nuevas evoluciones; sobre ellas le podrá dar más detalles la carta de la posición 1.

Sota de Espadas

Correspondencia astrológica

Marte en la tercera casa o en difícil posición frente a Mercurio significando la siembra de la disputa y la discordia

La manzana de oro que la diosa Eride arrojó entre los invitados a la boda de Peleo y Tetis por no haber sido invitada, y que dio origen a la guerra de Troya

Correspondencia del I Ching

—

Al igual que las demás sotas, la Sota de Espadas indica una oportunidad o una experiencia que se nos ofrece, un impulso que actúa sobre nosotros desde fuera. En el caso de la Sota de Espadas, a veces puede ser un impulso clarificador, una brisa fresca que nos da la repentina lucidez, que nos ayuda a analizar y entender hasta las circunstancias más complicadas. Pero por regla general se trata de un conflicto, una disputa o quizá una diferencia que impone separación. Por tanto debería entenderse como advertencia para que reconozcamos a tiempo una granizada que se cierne sobre nosotros, o para que no alarguemos innecesariamente conflictos que van a presentarse, sino que los llevemos hacia un arreglo más diáfano posible.

En el terreno profesional, la Sota de Espadas significa que tenemos que esperar conflictos, enemistades, disensiones o incluso ataques polémicos. Esta carta puede expresar la reprimenda (injustificada) de un superior, las rivalidades que se producirán en el círculo de compañeros o las desavenencias con los socios. Puede expresar la amenaza que sentimos debido a la precariedad de un trabajo. Desde este punto de vista, puede anunciar el principio del fin de nuestra actividad anterior, pero también significar el viento fresco, tal vez duro, que diluye el «aire cargado» trayendo claridad a nuestro entorno laboral.

En el ámbito de nuestra conciencia, esta carta significa que nos atacan en discusiones y polémicas y que, debido a nuestras anteriores costumbres mentales y puntos de vista, nos vemos en dificultades y sometidos a crítica, que puede ser dura. Nuestra disposición a aprender y modificar nuestras opiniones nos dirá hasta qué punto puede llevarnos a resultados descorazonadores, o si en último término aceptamos

los criterios más dolorosos como conocimientos enriquecedores. Esta carta no nos permite emitir un juicio al respecto.

En el terreno de nuestras relaciones personales, la Sota de Espadas indica un conflicto que emana de nuestra pareja o se experimenta en sí mismo como una amenaza para la relación. Puede producirse de repente un notable enfriamiento de una relación que por lo demás era cálida y afectiva. En esta etapa de enfriamiento no es infrecuente que «lluevan reproches» procedentes de desilusiones silenciadas, de cambios celosamente guardados en secreto o de la suma de muchas minucias cotidianas presumiblemente sin importancia, que han estado cociéndose juntas y que se desatan inesperadamente como una tormenta. Naturalmente, estas tormentas pueden hacer hervir la mala sangre y conducir finalmente a las desavenencias. Pero la Sota de Espadas también puede anunciar la oportunidad de llegar a una nueva compenetración después de que se ha aclarado un conflicto.

Posición 2

Sabe que se cierne un conflicto, y tiene que contar con vivas disputas. Trate de hacerlo lo mejor posible. La carta de la posición 1 le indica cómo acabará el asunto, y la de la posición 7, la estrategia que debería elegir.

Posición 7

Dispóngase para una polémica. Debe irse preparando para recibir duras críticas. Repase a conciencia y a su debido tiempo sus argumentos, para que no le sorprendan sin estar preparado. En esta contienda puede permanecer totalmente discreto si concentra toda su atención a lo que el otro le ofrece. Si valora tranquilamente estos reproches viendo si son «verdaderos o falsos» en lugar de registrar con miedo su sorpresa, podrá tomar una postura objetiva y extraer el máximo beneficio de este conflicto.

Posición 3

Nota que es atacado y se siente amenazado en este asunto. Quizá se trata de hiriente curiosidad, de la que tiene que defenderse, o de reproches injustificados. Pero puede tratarse igualmente de crítica justificada, que le hace experimentar algo fundamental. Compruebe la actitud interior que le propone la carta de la posición 6.

Posición 6

No sea tan sensible a la crítica. Debe irse preparando para una situación en la que recibirá ataques. Sólo podrá dilucidar si los reproches que recibe son justificados o si encierran algo digno de tomarse en consideración cuando esté dispuesto a escuchar y a enfrentarse al conflicto. Aproveche la situación para aclarar lo que hasta ahora era una verdad no escrita.

Posición 4

Ya se ha mostrado amenazado por la situación y da una impresión un poco afectada. Considere si usted mismo puede aportar algo clarificador. La carta de la posición 5 le indica cómo puede mejorar su conducta.

Posición 5

Apréstese a la discusión. Muestre que está dispuesto a asumir un conflicto con tal de aclarar algo. Demuestre que no sólo soporta la crítica, sino que sabe apreciarla como importante estímulo y que sabe exigir al de enfrente cuando se comporta con excesiva agitación.

Caballo de Espadas

CABALLO de ESPADAS

Correspondencia astrológica

Saturno/Venus representando frío y dureza en relaciones y contactos, o Marte/Mercurio como el rigor de la adquisición de conocimiento y la disputa

Imagen mitológica

Bóreas, el helado Viento del Norte, apreciado como fuerza engendradora a pesar de su frialdad

Correspondencia del I Ching

—

El Caballo de Espadas simboliza una atmósfera de hielo, acritud, malicia, disenso y disputas que puede enturbiar sustancialmente hasta áreas de la vida sentidas hasta entonces como agradables. Aunque el enfriamiento que expresa también puede acarrear un entorno de claridad y conocimiento sobrio; pero, por regla general, con esta carta experimentamos el lado negativo del elemento que representa. Esto significa frío distanciamiento, agrias disputas, burla mordaz y amarga ironía. Por este motivo, el Caballo de Espadas augura con frecuencia separaciones, discordia, tajantes disputas verbales y deliberadas infamias.

En el terreno profesional, significa con frecuencia un bajón brusco del ambiente laboral, con la consiguiente apertura de trincheras y frentes enconados. Indica una fase hostil en la que nosotros mismos nos mostramos hipercríticos o en la que estamos expuestos a la mordaz crítica de los demás. Sólo en contados casos esta tensión tiene un aspecto clarificador, de saneamiento y ayuda. Por regla general, las heridas que nos ocasionamos o que infligimos a los demás son profundas y lacerantes y sanan con dificultad. El hielo que simboliza esta carta puede corroer hasta el cimiento más sólido. Hace fracasar los negocios, proyectos y otros planes profesionales; y a menudo indica el final de una anterior colaboración. De estas batallas sólo pueden sacar provecho los caracteres muy curtidos en la vida, los merodeadores fríos y calculadores que sacan ventaja del daño ajeno. En su aspecto más suave, esta carta también puede indicar un enfriamiento repentino pero necesario de una fase anterior excesivamente caliente: precisamente cuando despertamos del entusiasmo ciego y el idealismo crédulo y cuando una postura escéptica (auto)crítica reemplaza a nuestra anterior frivolidad.

En el ámbito de nuestra conciencia, el Caballo de Espadas simboliza una época de apreciable enfriamiento y puntos de vista críticos y autocríticos. Indica que nos distanciamos, que nos miramos a nosotros mismos y a nuestro entorno con recelo, desarrollando una excesiva disposición al conflicto impropia en nosotros. Es una época en la que nos encontramos desbordados de dudas, lo que hace que nuestros propios valores y anteriores puntos de vista se conviertan en víctimas de la amarga ironía y la burla mordaz. También en este terreno el periodo de helada puede tener un efecto saneador si nos obliga a revisar críticamente y en su auténtica esencia las convicciones ligeras y las opiniones que siguen la moda.

En nuestras relaciones personales, esta carta muestra con frecuencia su lado más venenoso y doloroso. No significa únicamente súbito enfriamiento y congelación de sentimientos calurosos, sino también la mutación repentina en amargor, odio o maliciosa burla. Indica que los más profundos sentimientos se convierten en víctimas de observaciones despectivas y difamaciones viperinas, que se «objetivizan» y se «objetivan», siendo sacados a la luz sin compasión desde su provechosa y natural paz espiritual; una vez fuera, boquean como peces hasta que perecen y se marchitan, algo que sólo será gracioso para el ignorante.

Posición 2

Tiene una actitud muy distanciada, probablemente hipercrítica y pendenciera. Tal vez su perspectiva sea maliciosa, taimada y tendenciosa. En cualquier caso utiliza todo el rigor de su entendimiento creando un ambiente helado.

Posición 7

Proceda con frialdad y carácter extremadamente crítico. Guarde las distancias. Entra en un entorno que podría ser peligroso y en el que tendría que emplear toda su sagacidad, astucia y disposición al conflicto. Deje meridianamente claro que no se deja impresionar ni por la sopa boba ni por el látigo.

Posición 3

Está lleno de odio y amargado interiormente, quizá fosilizado. Sus deseos se sublevan y claman venganza y revancha. Si esta afirmación le parece demasiado exagerada, seguro que por lo menos es interiormente frío, distanciado o arisco, y que tiende a defenderse de los sentimientos cálidos mediante observaciones despectivas, difamaciones viperinas o cínica ironía. Compruebe si la carta de la posición 6 no le propone una actitud un poco más complaciente.

Posición 6

Abríguese: un viento frío sopla en su cara. Esta vez desconfíe de sus sentimientos y sacúdase todos los intentos ajenos de engatusarle (si es necesario, con mordaz ironía). Permanezca extremadamente crítico y receloso. De lo contrario, podría resultar explotado o utilizado.

Posición 4

Ha dado apariencia de frío, irónico e incluso malvado. O por lo menos de ser viperino y gustar de la confrontación. Ha dado sensación extremadamente crítica y calculadora. Quizá la carta de la posición 5 le diga que debe mostrarse algo más amigable.

Posición 5

Enseñe los dientes. No deje duda de que está dispuesto a luchar y a defender con toda energía sus intereses. Adopte una actitud fría, avispada y respondona. Demuestre que es un experimentado estratega y, en caso extremo, un astuto zorro.

Reina de Espadas*

Correspondencia astrológica

Sol en Acuario significando independencia, individualidad y sabio conocimiento

REINA de ESPADAS

Imagen mitológica

Atalanta la de los pies ligeros, que huye de todo pretendiente, pero que finalmente tropieza por su curiosidad. El huracán de los germanos, azuzado por Wotan y la banda infernal.

Correspondencia del I Ching

—

La Reina de Espadas representa la forma femenina del elemento Aire. Simboliza inteligencia, alerta, independencia, riqueza de ideas y entendimiento rápido. Expresa nuestra capacidad de solucionar problemas con ayuda de nuestro entendimiento y de llegar a intuiciones más elevadas sin extraviarnos por la opulencia de ideas y sin dejarnos afligir por las dudas. A diferencia de la interpretación antigua de esta carta, que veía en la Reina de Espadas a la mujer mala, o a la viuda en el mejor de los casos, el dibujo nos muestra que se trata de una mujer (o el lado femenino del hombre) que se ha liberado de sus ataduras merced a su entendimiento. Sólo en casos aislados debería tomarse en consideración el lado sombrío de la carta: la princesa de hielo que tras su encanto oculta una frialdad calculadora y un distanciamiento casi insuperable.

En el terreno profesional, la Reina de Espadas significa que tenemos gran disposición a aprender, que percibimos todo cuanto nos rodea con ojos despiertos, que reaccionamos con inteligencia y habilidad y que, en conversaciones y negociaciones, nos mostramos sinceros, claros y flexibles. Indica además que estamos atentos a nuestra independencia, que no nos aferramos a puestos o posiciones, pudiendo partir en cualquier momento cuando no nos agrade la evolución de los acontecimientos o cuando se abran ante nosotros posibilidades que calen mejor en nuestro interior.

En el ámbito de nuestra conciencia, esta carta simboliza, por una parte, riqueza de ideas, curiosidad creativa y una gran voluntad de aprender; por otra, la fuerza del conocimiento lúcido con la que tomamos conciencia de nuestras dependencias y limitaciones para poder liberarnos de ellas. Por tanto, es la carta que anuncia un importante proceso de despertar y de comienzo del reconocimiento propio.

En nuestras relaciones personales, la Reina de Espadas significa igualmente que tomamos mayor conciencia de nosotros mismos y de nuestra relación. Por lo general, esto quiere decir que primeramente nos distanciamos para reconocer y abordar con toda claridad las cosas que no nos agradan, que nos han oprimido. Es una época en la que prestamos más atención que nunca a la igualdad dentro de la relación y en la que, gracias a una mayor independencia interior, actuamos con más determinación que nunca. En cualquier caso, esta carta indica que un comportamiento determinado ha dejado de gustarnos; en algunos casos afirma que damos de lado las cosas y que nos hacemos esquivos, irónicos o mordaces y arrogantes.

---

* Respecto a las peculiaridades de las figuras, ver pág. 17.

Posición 2

Hasta ahora ha considerado y sopesado el asunto con gran reflexión y desde puntos de vista objetivos. Ha podido llegar a una clara determinación. Compruebe en las cartas de las posiciones 1 y 5 si ha llegado el momento de pasar a los hechos.

Posición 7

Adopte una actitud expectante y crítica. No se deje asediar o persuadir de nada; usted tiene suficientes buenas ideas. Tenga su propio juicio independiente y exprese clara y francamente sus opiniones.

Posición 3

Se ha estado enfrentando al asunto con una actitud fría, distante, quizá algo esquiva. Para usted era importante su independencia interna. O bien ha contemplado el asunto desde puntos de vista preferentemente estéticos y de estilo.

Posición 6

Sea condescendiente en todo. Esté muy alerta y preste mucha atención a su independencia interior. Es usted muy ocurrente e ingenioso. Utilice esos pozos para alcanzar una actitud inteligente y asombrosa por salirse de lo convencional.

Posición 4

Ha dado una impresión fría y clara, bastante encantadora, pero de ser más bien inabordable. Tal vez quería realmente recorrer solo sus propios caminos. En caso contrario, debería salir un poco de su reserva para que los demás puedan acercarse.

Posición 5

Demuestre que tiene gran riqueza de ideas y que defiende con franqueza su opinión clara e independiente. Proceda con diplomacia, pero guarde las distancias; y, cuando sea necesario, deje las cosas de lado.

Rey de Espadas*

Correspondencia astrológica

Mercurio en Géminis significando ingenio, versatilidad en ardides y artificios

Imagen mitológica

Ulises y Sísifo, héroes astutos

Correspondencia del I Ching

—

El Rey de Espadas representa el lado masculino del elemento Aire. En este caso se trata de la fuerza del entendimiento inteligente, rápido y avispado, que aquí viene representado en su forma imaginativa, ingeniosa, diversa, sobre todo contradictoria, pero también astuta, irónica y pícara. Con ayuda de este carácter podemos reconocer, comprender, analizar, concluir lógicamente, abstraer, calcular y computar, observar y penetrar los problemas desde todos los lados. Pero, cuando estas fuerzas se desbordan, muestran su lado oscuro: racionalismo excesivo, frialdad de sentimientos, crítica mordaz y cínica, cambiante ambigüedad, mariposeante inconstancia.

En el terreno profesional, esta carta simboliza flexibilidad, inteligencia, jovialidad y una buena mentalidad negociante. Indica que solucionamos nuestras tareas con habilidad, flexibilidad e inteligencia táctica. En el trato con nuestros compañeros, superiores, socios y clientes, expresa elocuencia, presencia de ánimo y chispeante encanto. Pero también puede ser una advertencia frente a exageraciones como el pasarse de listo, la pillería desmadrada y una infinita bribonería.

En el ámbito de nuestra conciencia, esta carta representa una fase de ilustración. Se trata de adquirir el sobrio conocimiento, de aprender, de estudiar, de trabajar con método científico. En estas épocas agudizamos nuestro entendimiento, para penetrar nuestros problemas, nuestro mundo y a nosotros mismos con la fuerza que proporciona. La característica principal estriba en la cognoscibilidad objetiva. Buscamos una fórmula, la idea que se esconde tras

todas las cosas. Al igual que en la Matemática la dócil voluntad y la esforzada memorización no nos conducen al resultado correcto, que sólo se alcanza por el razonar lógico consecuente, en esta época los sentimientos no nos prestan ninguna ayuda, y únicamente los poderes analíticos de la razón pueden sacarnos adelante. Con bastante frecuencia son las regiones de nuestra fe o de nuestros sentimientos las que se revisan sin reserva para comprobar su grado de certeza. En todo ello es importante no aplicar demasiado brutalmente la espada de la razón. Podría suceder con facilidad que el veneno de la duda destruyera también raíces vitales, y que, en lugar de lograr la añorada lucidez, al final nos viéramos desgarrados y con las manos vacías ante los escombros de nuestros viejos sentimientos y convicciones.

En nuestras relaciones personales, esta carta tiene un significado realmente esclarecedor, aunque a menudo también distanciador. Aquí la fuerza analítica del entendimiento puede ser de gran ayuda para reconocer y poder curar patrones de comportamiento malsanos. Cuando nos encontremos atados o simplemente en aprietos aparentemente insalvables, la cesura de la razón cognitiva puede ser dolorosa, pero muy beneficiosa. Sin embargo, cuando los sentimientos se convierten en el objeto del deseo de ambiciones cercenadoras, la argucia toma el sitio de la cálida efusión.

---

* Respecto a las peculiaridades de las figuras, ver pág. 17.

Posición 2

Su comportamiento ha sido inteligente, sensato e ingenioso. Ha observado e iluminado el asunto desde todos los lados. Ahora tendría que tener el conocimiento exacto, la fórmula o el modelo teórico. ¿No habrá llegado por fin el momento de actuar?

Posición 7

Distánciese para conseguir una perspectiva lo más objetiva posible de su situación. Por esta vez no preste atención a prejuicios, deseos y consideraciones utilitaristas; someta su proyecto a un minucioso y crítico examen. Cuestione todas las actitudes y consideraciones anteriores, procediendo punto por punto y aplicando criterios de «verdadero o falso». Con ayuda de esta revelación, mejorará sensiblemente su borrador, o lo renovará completamente.

Posición 3

Ha sometido sus sentimientos al control absoluto de la razón, desgajándose de la vivencia del interés y la compasión humanos. Salvo en situaciones excepcionales, nunca debemos conceder a nuestra razón una dominancia de tal calibre. Esta situación excepcional sólo se presenta cuando en la posición 6 aparece una de las siguientes cartas del palo de Espadas: Reina, Caballo, Dos, Cuatro, Cinco, Siete u Ocho. En todos los demás casos es el momento de dejar vía más libre a su corazón y de escuchar su voz interior.

Posición 6

Sea escéptico con sus sentimientos, sus deseos y con todo lo que afecte a sus emociones. Compruebe fríamente y con calma si estas cosas le hacen realmente bien. Utilice su razón para poner claridad en sus sentimientos y para liberarse de dependencias y aprietos si fuera necesario.

Posición 4

Ha tenido una actitud fría, distante, pero apacible e ingeniosa. Quizá ello implique algo demasiado calculador para su entorno. También puede ser que hiera a los demás con ironía, cinismo o burla.

Posición 5

Tenga una actitud muy personal, encantadora e ingeniosa. Muestre sus conocimientos, su intelecto, y esté dispuesto al consejo. Haga ver claramente que está muy versado y que entiende algo del asunto. Sea crítico; y, cuando sea necesario, también frío y distante.

As de Oros

Imagen mitológica
El Toisón de Oro

Correspondencia astrológica

Venus en la segunda casa como la oportunidad de alcanzar felicidad y riqueza tanto interior como material

Correspondencia del I Ching

34 Ta Chuang / El Poder de lo Grande

Al igual que los demás ases, el As de Oros indica una oportunidad que está latente en nuestro interior. En este caso se trata de descubrir en nosotros mismos o en nuestra situación actual una oportunidad que, como corresponde al elemento Tierra representado por los oros, conduce a buenos resultados palpables: a la riqueza externa, y más aún a la interior. Junto al As de Copas, es la mejor carta de la suerte de los Arcanos Menores. Pero esta suerte no se impone: quiere ser descubierta. Es muy posible que la labor de búsqueda esté ligada a múltiples penalidades, al igual que ocurre con el tesoro de Weinberg. El resultado no es sólo recio y duradero, sino que además nos hace profundamente dichosos.

En el terreno profesional, esta carta significa que tenemos la gran oportunidad de acercarnos a lo que nos parece valioso e importante en nuestra vida profesional. Para uno puede significar seguridad y buena paga; para otro, por el contrario, reconocimiento personal y prestigio; para algunos incluso satisfacción interior y la conciencia, independiente del éxito externo, de haber cumplido un trabajo congruente, incluso de saber que es ahí donde radica el sentido de nuestra vida. En cualquier caso, esta carta significa que tenemos perspectivas excepcionales de alcanzar la meta con nuestro actual afán profesional.

En el ámbito de la conciencia, el As de Oros significa que tenemos la oportunidad de adquirir conocimientos esenciales y realmente útiles. Puede ser la idea que nos descubre la solución de un problema tanto tiempo buscada o la ocurrencia que puede transformarse en negocios magníficos, o cualquier otra experiencia que tenga un reflejo a otro nivel de valores: creciente sentimiento de autoestima, por ejem-

plo, o una vivencia con la que percibimos los tesoros de nuestra alma como si de un «ábrete sésamo» se tratara.

En el terreno de nuestras relaciones personales, esta carta expresa la oportunidad real de llegar a una relación profundamente satisfactoria y duradera. Por ello es generalmente el heraldo de una nueva relación. Pero también puede ser un indicativo de que en una relación de pareja ya existente reconocemos y desplegamos nuevas posibilidades de evolucionar positiva y felizmente.

Posición 2

Hasta ahora ha visto en su proyecto una gran oportunidad con la que puede alcanzar felicidad, riqueza o seguridad. La carta de la posición 1 puede indicarle lo que realmente puede conseguir en este campo, y la de la posición 5, cómo debe proceder.

Posición 7

Tome conciencia de las grandes posibilidades que se le presentan. Está en el camino correcto y alcanzará la meta en su proyecto si se aplica a él en serio e infatigablemente. No espere ayuda de los demás: es usted mismo quien debe reconocer la oportunidad y avanzar. Entonces se desarrollará como por encanto.

Posición 3

Tiene grandes expectativas de tener suerte y cree haber encontrado su gran oportunidad en este asunto. La carta de la posición 1 le indica si las cosas evolucionarán efectivamente en ese sentido o si se sentirá decepcionado en sus expectativas.

Posición 6

Deje que su proyecto le interese y le absorba. Pronto notará que merece la pena y que ha dado con un filón de oro. No ceje en su empeño, no abandone la búsqueda hasta haber encontrado la suerte.

Posición 4

Ha mostrado que espera la gran oportunidad o que apuesta por su suerte. La carta de la posición 1 le indicará si esta actitud es correcta o si ha estado jugando en vano a «ser un suertudo». Si con ello se confirman sus expectativas, la carta de la posición 5 le indica cómo debe actuar para ser un filón.

Posición 5

Deje claro que se ha dado buena cuenta de las grandes posibilidades que se le presentan y de que está dispuesto a hacer todo lo posible para aprovechar esta ocasión (única) y forjar su suerte. Actúe con confianza y determinación, no deje lugar a la duda en su constancia y su capacidad de aguante.

Dos de Oros

Correspondencia astrológica

Luna en ascendente significando facilidad de acomodación, y Luna/Marte significando carácter veleidoso

Imagen mitológica

Hermes en su papel secundario de dios de los titiriteros y jugadores

Correspondencia del I Ching

—

El Dos de Oros es la carta de la determinación lúdica, pero también de la indecisión despreocupada. Indica que podemos acomodarnos a las corrientes de la vida atravesando sus crestas y honduras sin grandes dificultades. Dependiendo de nuestra postura vital y del ámbito a que se refiera esta carta, esta postura lúdica puede valorarse como algo hábil, ágil, entretenido, espontáneo y refrescante; o bien despreciarla por lo que tiene de carencia de puntos de vista, indisposición caprichosa a adquirir compromisos, carácter veleidoso y volubilidad acomodaticia. Por tanto, esta carta abarca un amplio espectro, desde la mentalidad de nadar a favor de la corriente hasta la profunda sabiduría del loco.

En el terreno profesional, el Dos de Oros indica que somos maleables y que podemos acomodarnos con facilidad a nuestros trabajos o al ambiente de la empresa. También puede significar que no adoptamos la debida seriedad en el asunto y que nos tomamos las cosas un poco a chirigota. Por tanto, el lado dudoso y cuestionable de esta carta apunta a falta de responsabilidad y frivolidad lúdica, mientras que su significado superior nos dice que nos hemos liberado de servidumbres hostiles y seguridades mentales esclavizadoras y que afrontamos nuestros trabajos llenos de alegría, conscientes de nuestra independencia interior.

En el ámbito de la conciencia, esta carta apunta una fase de falta de gravedad. Como indica de forma penetrante Milan Kundera[24], este estado puede ser profundamente halagador si se alterna con la gravedad, pero puede conducir a agudas crisis si es un estado permanente unilateral. Por tanto, esta carta puede indicar una benefactora levedad después de épocas de dureza y agobios, o representar también al hombre eternamente pueril, cuya única estabilidad consiste en no tener puntos de vista, pero que se queja a ciegas de que nadie le toma en serio. De manera que simboliza tanto la actitud de la marioneta que patalea como la humilde sabiduría del loco que, tras un penoso proceso de toma de conocimiento, ha reencontrado la simple y despreocupada perspectiva del niño.

En el terreno de nuestras relaciones personales, esta carta puede significar por una parte una época dichosa y despreocupada de placer lúdico, y por otra, frivolidad o veleidad. De nuestras expectativas y actitudes subjetivas depende qué lado de los dos sintamos con mayor fuerza; porque incluso la veleidad, entendida como «indeterminación alentadora», puede ejercer un atractivo fascinante.

Posición 2

Hasta ahora ha contemplado el asunto desde una perspectiva de juego, sin decidirse a un comportamiento inequívoco o a asumir responsabilidad. Quizá haya sido también un tanto irreflexivo. Probablemente la carta de la posición 7 le diga que ya es hora de tomar partido.

Posición 7

Contemple el asunto desde un lado lúdico y simple. Probablemente hasta ahora se haya tomado a sí mismo (o el asunto) demasiado en serio, y ahora tiene que aprender a ver las cosas con mayor relajación. Deslíguese de ideas rígidas y expectativas fijas, acomódese más a los vaivenes naturales de la vida.

Posición 3

Ha adoptado una postura un tanto disoluta, a veces incluso frívola. Hasta ahora no ha hecho sino jugar y no ha sido capaz de tomar el asunto suficientemente en serio. Considere si puede seguir abandonándose a este sentimiento de levedad, o si la carta de la posición 6 le exhorta a gestionar su asunto consecuentemente y con profunda determinación interna.

Posición 6

Tómese el asunto a chirigota. Sea interiormente flexible y apacible y algo juguetón. Compórtese con despreocupación. No necesita preocuparse. La voz de su instinto le dirá siempre en el momento oportuno lo que debe hacer.

Posición 4

Hasta ahora ha dado la sensación de dar tumbos, de carecer de determinación o proceder a saltos. No se le ha podido inculcar que tome su asunto realmente en serio. Puede que con esta actitud alcance su meta, pero probablemente la carta de la posición 5 le dirá que tiene que actuar con mayor determinación.

Posición 5

Muéstrese flexible y no oculte que es un jugador. Deje ver claramente que el asunto merece un intento, pero que en su forma actual no lo toma realmente en serio. Actúe con soltura y despreocupación, no se inquiete por tomar las cosas excesivamente en serio.

Tres de Oros

Correspondencia astrológica

Júpiter/Marte en sentido de creación positiva; o Saturno en tránsito sobre su posición base como entrada en una nueva etapa de la vida

Imagen mitológica

Hércules, que, al ir completando cada uno de los doce trabajos impuestos, penetraba más profundamente en los secretos de la vida

Correspondencia del I Ching

19 Lin / El Acercamiento

Debido a sus tonos negros, es frecuente que el Tres de Oros se malinterprete como una carta opresiva. Sin embargo, lo que indica es la prueba superada con éxito, expresando por ello una experiencia extremadamente regocijante. A diferencia del Ocho de Oros, que simboliza al aprendiz, el Tres de Oros representa al oficial. Por eso esta carta indica que entramos en una nueva etapa de la experiencia portando también la cualificación necesaria (a diferencia de lo que ocurría con el Ocho de Oros). Indica la culminación con éxito de un determinado periodo de nuestra formación o evolución, unida al reinicio en un nivel superior.

En el terreno profesional, el Tres de Oros indica con más claridad que cualquier otra carta del Tarot la promoción. Significa que nos encontramos al final de una fase de formación o desarrollo y que ahora asumimos nuevos trabajos y mayor responsabilidad. También simboliza cualquier forma de examen, en los que no sólo se vislumbra el éxito, sino también el reconocimiento a él asociado y la correspondiente posición en el mundo profesional. En todos los casos, esta carta muestra que permanecemos activos en el campo para el que nos hemos cualificado anteriormente. Por tanto, no es un indicativo de una reorientación profesional.

En el ámbito de la conciencia es donde se comprenden los colores oscuros de esta carta, ya que pueden indicar la entrada misteriosa al camino de la iniciación. Es expresión de crecimiento espiritual y afirma que de la suma de experiencias adquiridas formamos la quintaesencia, emprendiendo el templado camino de la verdad. Es el umbral en el que la búsqueda de lo múltiple es disuelta por la búsqueda de lo único, en el que crecemos en la oscura y miste-

riosa hondura en vez de hacerlo a lo ancho desbordándonos superficialmente.

En nuestras relaciones, el Tres de Oros indica que nos encontramos ante un paso decisivo que nos conduce a formas más maduras de estar juntos. Puede marcar por tanto el final de la búsqueda y el inicio de una unión íntima y estable. Dentro de una relación de pareja ya existente, también puede expresar que se superan dificultades iniciales o crisis posteriores y que entramos en una nueva etapa en la que las experiencias que hemos recopilado en la época de crecimiento o crisis nos prestan una gran ayuda. A un nivel más profundo, esta carta significa en este ámbito que nos encontramos en los umbrales del gran misterio del amor.

Posición 2

Sabe que se encuentra en una situación de prueba en la que se tienen que mostrar su cualificación o toda su experiencia vital. En caso de que la carta de la posición 1 no haga prever un resultado claramente negativo, tendrá éxito y pasará a una nueva etapa de experiencias.

Posición 7

Sea consciente de que su proyecto le lleva a un umbral tras el cual hace su aparición un nuevo ámbito de experiencias, o incluso quizá una nueva etapa de la vida completamente nueva. No eluda nada. Es el tiempo propicio para este paso. Superará con habilidad el obstáculo y descubrirá tras él todo un mundo de profundas y enriquecedoras experiencias.

Posición 3

Hasta ahora ha estado observando con sabiduría e interés o curiosidad muchas posibilidades. Ahora siente que ha llegado la hora de sacar las consecuencias de esas experiencias y de ponerse en movimiento en una dirección determinada por usted mismo.

Posición 6

Su proyecto le lleva a una situación de prueba. Tenga fe en el inmenso tesoro de sus experiencias pasadas y no se preocupe. No sólo superará la prueba, sino que con ello abrirá una nueva esfera de experiencias que será de gran importancia para su futuro.

Posición 4

Ha demostrado estar cualificado para su proyecto y dispuesto a poner a prueba su capacidad. Si no se ha echado faroles y se ha sobrevalorado, nada podrá interponerse en su camino.

Posición 5

Demuestre su capacidad y su experiencia. Muestre que está versado en el asunto y que no se arredra ante ninguna prueba. Afronte con confianza y alegría su proyecto, que le ofrece la gran oportunidad de dar un importante paso hacia adelante. Pero deje también ver claramente que es voluntarioso para seguir aprendiendo y que no presupone que ya lo sabe todo.

Cuatro de Oros

Correspondencia astrológica

Saturno en la segunda casa como expresión de una imperiosa necesidad de seguridad

Imagen mitológica

El rey etrusco Midas, el de las manos de oro. Dioniso satisfizo su deseo de convertir en oro todo cuanto tocase. Tuvo que descubrir con horror que también los alimentos se transformaban en oro

Correspondencia del I Ching

60 Chieh / La Restricción

El Cuatro de Oros indica una necesidad exagerada de seguridad y sus repercusiones en forma de avaricia, codicia y el temor a los cambios profundamente arraigado. La actitud marcada por esta carta tiene siempre algo de hostil a la vida, porque indica la intensidad con que nos esforzamos en aferrarnos a lo actual, con lo que nos enfrentamos (en último término, en vano) al río de la vida. Normalmente se trata de un síntoma de que nos encontramos en vías de rigidización, presagiando frecuentemente la Torre (XVI), que a su vez revienta la coraza de encostraciones. Si el sitio en el que se encuentra el Cuatro de Oros nos exige este comportamiento, significa que debemos limitarnos, concentrarnos y retirarnos, o bien que en este asunto no podemos abandonar.

En el terreno profesional, esta carta indica que nos pegamos como lapas a nuestro puesto o por lo menos a la seguridad que presumiblemente nos da. Es expresión de una actitud rígida exagerada, con la que bloqueamos también evoluciones muy favorables. A menudo indica que nos hemos anquilosado en ideas fijas y no estamos dispuestos a cambiar de opinión ni a reorientarnos. Eso puede significar que intentamos agriamente pero en vano avanzar profesionalmente por los viejos senderos, mientras que hace tiempo que se nos abren otras vías y posibilidades. Sencillamente, no queremos percatarnos de ellas porque nos parecen demasiado inseguras y especulativas, y porfiamos en nuestra «miseria conocida».

En el ámbito de la conciencia, el Cuatro de Oros simboliza la idea fija o el concepto implacable con el que nos oponemos a nuevos hechos y perspectivas. Precisamente en este terreno es una advertencia que debemos tomar en serio: que nos encontramos en el mejor camino para convertirnos en víctimas de nuestra tozudez y obcecación. Esta carta debería entenderse como una exhortación imperiosa a abandonar nuestras perspectivas anteriores y abrirnos a otras opiniones y formas de vida, dado que en caso contrario las crisis venideras nos abocarán indefectiblemente a ese paso.

En el terreno de nuestras relaciones personales, esta carta indica una conducta opresiva. Es el intento de sustituir la viveza, sentida como insegura y amenazadora, por rituales y patrones de comportamientos rígidos. El resorte impulsor de esta actitud es la hondísima angustia de ser abandonado por los demás. Por muy comprensible que sea este intento, es igualmente insensato: cuando las ansias de seguridad sustituyen a la confianza y los acuerdos rígidos disuelven la vivacidad natural, se agosta toda relación. Por tanto, también en este terreno hay que considerar esta carta como una advertencia imperiosa contra los intentos de seguridad a ultranza, quizá bienintencionados, pero de consecuencias devastadoras.

Posición 2

Se ha anquilosado a una idea fija y se apega ferozmente a sus concepciones. Probablemente tenga una idea demasiado rígida de la seguridad. Reconozca que lo único cierto es que nuestra vida es incierta. Tiene la posibilidad de modificar su postura consciente en el sentido que le marca la carta de la posición 7, o de esperar a que los acontecimientos le obliguen a variar el rumbo.

Posición 7

Concéntrese en lo esencial. En su visión del mundo, limítese a lo que puede abarcar y trate de asegurar su posición lo mejor posible. Manténgase fiel a su proyecto y no deje que le impongan opiniones extrañas.

Posición 3

Trata de aferrarse a una brizna de hierba que presumiblemene le da seguridad. Es demasiado pusilánime o demasiado posesivo. Aprenda a desprenderse interiormente. Sólo así podrá desplegar en toda su belleza aquello que le gustaría conservar. Las aves del paraíso mueren cuando se les encierra en una jaula.

Posición 6

Vaya sobre seguro. Sea cauto y precavido y asegure todos sus flancos. Proteja sus sentimientos, establezca límites precisos y no se deje extraviar en ellos. Extreme su frugalidad y haga acopio de nuevas reservas antes de volver a abrirse. Pero manténgase fiel a su deseo y no atienda a reclamos.

Posición 4

Ha dado una apariencia avarienta, pusilánime, mezquina o codiciosa. En su conducta no ha habido el menor atisbo de relajación. Aun cuando tuviera razón en comportarse de forma tan cautelosa y protegida, debería comprobar si la carta de la posición 5 no le aconseja más actividad y una mayor sinceridad.

Posición 5

No deje que le arrebaten nada. Demuestre que persevera en su proyecto. Permanezca imperturbable, poco comunicativo si es preciso. Sea moderado y elimine riesgos impredecibles.

Cinco de Oros

Correspondencia astrológica

Saturno en la segunda casa como expresión de crisis y estancamiento

Imagen mitológica

Las crisis de Job: o los siete años de vacas flacas de Egipto

Correspondencia del I Ching

41 Sun / La Merma

El Cinco de Oros es la carta de las crisis, de las privaciones y de las inseguridades. Simboliza los cuellos de botella de la vida en los que damos una impresión miserable, infeliz, desamparada y a veces realmente deplorable. Por regla general no es tanto el heraldo de pérdidas reales y derrotas materiales como el indicador de que no pisamos suelo firme y de que tenemos miedo, de que el tambaleante suelo podría ceder bajo nuestros pies. Simboliza por tanto el estancamiento que existe en toda crisis evolutiva, cuando abandonamos un área familiar de estabilidad para plantar cara a nuevos y mayores desafíos, y a los riesgos que llevan asociados.

En el terreno profesional, el Cinco de Oros significa preocupaciones y problemas tangibles que pueden afectar a proyectos y negocios concretos, e incluso a la seguridad de nuestro puesto de trabajo. Por ello esta carta refleja el temor a pérdidas y descalabros financieros, el posible fracaso en exámenes, hondas angustias existenciales. Esta carta aparece con frecuencia asociada a un cambio en nuestro ámbito profesional, que nos lleva desde un entorno seguro a tareas y riesgos mayores, como puede ser el paso hacia la independencia. No puede malinterpretarse como signo de que este paso sea erróneo. Apunta más bien a los sentimientos de inseguridad que son absolutamente normales en procesos de crecimiento difíciles. Por regla general simboliza solamente la paralizadora intuición de oscuras premoniciones, significando muy raramente la aparición de un fracaso absoluto.

En el ámbito de la conciencia, el Cinco de Oros expresa una conciencia de pobreza que no tiene por qué reflejarse en las condiciones reales. Indica que estamos impulsados por fuertes preocupaciones existenciales, independientemente de si vivimos en situación económica acomodada o no. Reconocer esta fase significa que no podemos superar un sentimiento interno de pobreza ni siquiera con la mayor de las riquezas externas; y viceversa, la pobreza exterior carece realmente de importancia si se le contrapone un sentimiento de riqueza interna. Paralelamente, esta carta puede indicar que vivimos la crisis natural que conlleva todo proceso evolutivo, en el que se manifiesta nuestro miedo (natal) a los cuellos de botella tras los cuales se abre una vastedad desconocida.

En nuestras relaciones personales, esta carta simboliza abandono y privación. Indica con frecuencia el desconsolado sentimiento de no sentirse amado y de vivir menospreciado. Puede ser expresión de la más honda desesperanza; y precisamente por eso debería entenderse como indicadora de una fase de cambio en la que dejamos atrás viejas estructuras para encontrar nuevas formas de relación en pareja. Cuando la carta augure una crisis de nuestra relación, no debe malinterpretarse como un presagio indefectible del fracaso. Toda relación que ha superado una crisis semejante ha superado un importante test de dureza.

Posición 2

Hasta ahora ha supuesto que se dirige usted hacia un cuello de botella o una crisis. Teme no tener las fuerzas suficientes o los medios para poder realizar su proyecto. La carta de la posición 1 le indica si las cosas están realmente tan negras o si su visión pesimista es extremadamente sombría.

Posición 7

Reconozca que se encuentra ante una época de privación e inseguridad. Esta perspectiva no debería darle motivo para girar en redondo. Puede ser positivo que se trate de una sequía necesaria. No obstante, si su consulta está claramente referida a un proyecto ambicioso determinado, esta carta le previene de pérdidas financieras.

Posición 3

Se siente pobre, abandonado y desprotegido. Está en estado de precariedad espiritual y necesita urgentemente ayuda o buenos consejos para recobrar fuerzas y nueva confianza en sí mismo. Consulte si la carta de la posición 1 indica ya el final de la crisis. En caso contrario, debería sincerarse con una persona que le sea cercana.

Posición 6

Se acerca a un mínimo anímico. En este asunto se halla usted sobre cimientos frágiles y, por lo menos de vez en cuando, se sentirá desprotegido y desamparado. Si lo que persigue es un objetivo superior, no debería dejar que estas perspectivas le irritasen. Esta experiencia es parte de todo proceso de mutación superior, al final del cual alcanzará una resistencia interior nueva y más fuerte.

Posición 4

Hasta ahora ha aparentado desdicha, abandono o desamparo, dando una sensación que despierta la compasión. Plantéese si su situación es efectivamente tan desdichada o si está apelando a la compasión de los demás para eludir una clarificación de su asunto que es de entera responsabilidad suya.

Posición 5

No oculte que se encuentra sumido en una profunda crisis, que se siente miserable y abandonado. No se las dé de triunfante vencedor ni de lobo solitario que todo tiene que hacerlo solo. Por esta vez, tenga el valor de pedir ayuda a los demás.

Seis de Oros

Correspondencia astrológica

Júpiter en Piscis como disposición para ayudar. Júpiter en Leo como magnanimidad. Júpiter en Acuario como tolerancia

Imagen mitológica

Prometeo, dador del fuego, amigo y auxiliador de cuantos viven en las tinieblas

Correspondencia del I Ching

27 I / Las Comisuras de la Boca, La Nutrición

El Seis de Oros simboliza la cualidad de la deferencia, de la magnanimidad y la tolerancia. Indica que vivimos esas virtudes, pero también puede significar que la generosidad, la comprensión y el apoyo nos lo deparamos a nosotros mismos. De lo que se trata no es de expresar un desprendimiento espontáneo que caduca al instante siguiente o una indiferencia disfrazada de tolerancia, sino de una actitud básica, fiable y equilibrada perfectamente comedida. En nuestra experiencia cotidiana, esta carta simboliza recompensa, proyectos que merecen la pena.

En el terreno profesional, el Seis de Oros significa que nuestros proyectos merecen la pena y que encuentran apoyo, incluso que encontramos ayuda, que nos favorecen. Significa que nuestros deseos, ideas y proposiciones encuentran comprensión y eco positivo, y que se nos abren posibilidades de realización. Además el Seis de Oros es una indicación, pero también una exhortación, a asumir nosotros mismos esta actitud generosa de mecenas.

En el ámbito de la conciencia, esta carta expresa que ponemos nuestros conocimientos mentales y psíquicos de buen grado y con generosidad a disposición de los demás. En lugar de ser avaros por miedo a que los demás pudieran superarnos intelectualmente o pudieran «robar nuestras ideas». Esta carta indica la reflexiva y benefactora ayuda que damos a quienes buscan consejo, así como a la inversa, cuando seamos nosotros quienes recabamos el consejo, en cuyo caso la generosa ayuda es imputable a los demás.

En nuestras relaciones personales, el Seis de Oros simboliza igualmente la ayuda y el apoyo mutuos. El significado principal que tiene en este terreno es que dejamos espacio al otro, que le otorgamos mucha comprensión y tolerancia. Indica que nos fomentamos y alentamos mutuamente, que en situaciones difíciles nos abrazamos para crear un clima de generosidad en el que otorgamos de todo corazón al otro su forma de vida, su éxito y sus alegrías.

Posición 2

Hasta ahora ha contemplado el asunto con grandeza de ánimo, aplicando mucha comprensión. Si esta actitud era honrada y equilibrada, con toda seguridad su proyecto se habrá beneficiado sustancialmente. ¿O sólo había apostado por el apoyo generoso de los demás?

Posición 7

Dése cuenta de que su proyecto merece la pena y de que está recibiendo apoyo. Pero considere el asunto también con generosidad y espíritu dadivoso. Actúe con jovialidad y generosidad. No se recate en dar consejo y ayuda.

Posición 3

Hasta ahora ha actuado con gran corazón, siendo compasivo y estando dispuesto a ayudar, demostrando en este asunto su total apoyo interno. ¿Estaba esperando que le aplicasen el mismo rasero, o bien su actitud era fruto de un estado de ánimo espontáneo y derrochador?

Posición 6

No sea mezquino. Abra su corazón y enfréntese humanitariamente a su proyecto, con comprensión y tolerancia, pero no se deje arrastrar a poses de benefactor sentimental. Su sentimiento debe ser inquebrantable, sincero y fiable.

Posición 4

Ha actuado con mucha generosidad y buena voluntad, mostrando gran comprensión. Si esta actitud refleja su conducta interna, es, sin lugar a dudas, muy encomiable. Pero, si tiene motivos para revisar su actitud, debería cuestionarse si su ayuda a los demás ha podido ser forzada o ha dado la impresión de ser un poco despreciativa.

Posición 5

Muestre su noble carácter sin falsos pudores, sin gestos de remilgo. No se avergüence de ser generoso y tolerante y estar dispuesto a ayudar. Cuando sea necesario, dé también apoyo económico.

Siete de Oros

Correspondencia astrológica

Júpiter/Saturno significando paciencia y crecimiento lento pero seguro

Imagen mitológica

Las horas de los atenienses, diosas de las estaciones: Talo (diosa de la vegetación), Auxo (diosa del crecimiento) y Carpo (diosa del fruto maduro)

Correspondencia del I Ching

5 Hsü / La Espera

Esta carta simboliza paciencia y crecimiento lento. Nos reta a contemplar un asunto con tranquilidad y a darle suficiente tiempo para que pueda desarrollarse y desplegarse. Si no perjudicamos la evolución de los acontecimientos perturbándolos por exceso de celo o de precipitación, podemos tener la certeza de un resultado positivo. Junto con El Colgado (XII) y el Cuatro de Espadas, el Siete de Oros es una de las cartas que indican retardo temporal. Sin embargo, a diferencia de las otras dos cartas, aquí puede observarse un crecimiento continuado.

En el terreno profesional, el Siete de Oros significa que nos tenemos que aplicar con paciencia a una fase de evolución lenta pero constante. Cuando esperemos o confiemos obtener resultados inmediatos, quedaremos decepcionados con total seguridad; y si, por impaciencia o exceso de actividad, tratamos de acelerar el crecimiento, nos arriesgamos a malograr una evolución que en caso contrario presentaba buenas perspectivas. Si, por el contrario, actuamos con generosidad, podemos estar seguros del resultado positivo y valioso.

En el ámbito de la conciencia, esta carta indica que hemos entrado en una época de madurez en la que crecen lenta pero constantemente nuevas ideas y perspectivas. Nos desafía a que no tomemos decisiones precipitadas, exhortándonos a que nos tomemos el tiempo necesario para dejar madurar estos nuevos pensamientos e ideas.

En el terreno de la relación de pareja, esta carta indica igualmente un crecimiento lento y constante, con la perspectiva de una cosecha satisfactoria. También puede simbolizar un embarazo. El Siete de Oros es una exhortación a la paciencia atenta, al *wu wei* de los chinos, «la acción en la inacción». Es sobre todo en las nuevas relaciones donde nos conmina a no precipitar nada y a no hacer peligrar con nuestra impaciencia un crecimiento sano.

Posición 2

Se ha aplicado con paciencia a una larga fase de evolución y tiene confianza en que su espera le llevará a la meta. Las cartas de las posiciones 1 y 7 le dicen si esta actitud es correcta o si es mera expresión de una resignación oculta.

Posición 7

Hágase a la idea de que la realización de su proyecto necesitará más tiempo del que presumiblemente había calculado. Si no se impacienta, podrá estar seguro del asunto mientras espera. La intranquilidad y las prisas alocadas hacen peligrar el resultado, mientras que la paciente y tranquila atención son una gran ayuda.

Posición 3

Es usted tranquilo y circunspecto y sabe que necesita mucha paciencia para dejar madurar su proyecto. Por reflexiva que parezca esta actitud, debería comprobar en las cartas 1 y 6 si lo único que necesita es una coartada para rehuir decisiones necesarias y dilapidar su tiempo.

Posición 6

Practique la paciencia y hágase interiormente a la idea de una larga fase de lento crecimiento. Precisamente si se siente provocado por este enunciado, debería refrenar su temperamento. Si no fuerza las cosas y no las precipita, puede estar seguro de que la evolución transcurrirá de forma satisfactoria.

Posición 4

Ha actuado con tranquilidad, relajación y posiblemente también de forma reflexiva. Su indolencia es fundamentalmente una actitud positiva. A pesar de todo, mire qué le propone la carta de la posición 5: de lo contrario, pudiera ser que el resultado se quedara dormido.

Posición 5

Demuestre su serenidad, y que está dispuesto a dejar a su proyecto el tiempo necesario para que madure tranquilamente. Debería acotar y cuidar su plan y no dejar la menor duda de que en caso necesario tiene la suficiente paciencia para «aparcar» el asunto.

133

Ocho de Oros

Correspondencia astrológica

Mercurio en la tercera casa en el sentido de ansias de aprender y destreza

Imagen mitológica

Talo, sobrino y aprendiz de más talento del gran técnico Dédalo

Correspondencia del I Ching

17 Sui / El Seguimiento

El Ocho de Oros indica el inicio de un proyecto con grandes perspectivas. Es la carta del aprendiz que acomete una tarea aburrida pero llena de futuro. Por tanto, esta carta conjuga la situación del principiante con una perspectiva reconfortante. Además indica que estamos muy motivados, que el asunto nos divierte y que estamos muy orgullosos de los resultados de nuestro hacer. En cierto sentido significa también la suerte del principiante.

En el terreno profesional, esta carta indica que ocupamos un nuevo puesto de trabajo o asumimos tareas desconocidas nuevas hasta la fecha. Por lo general, se trata de que no aportamos a esta nueva actividad ningún conocimiento previo concluyente, pero sí tenemos la curiosidad y la voluntad de afianzarnos en el trabajo encomendado. En el mundo profesional, puede indicar muchas veces el «dinero que tenemos que pagar» para aprender cuando nos incorporamos a un área nueva; pero es mucho más clara la interpretación de esta carta como las felices perspectivas que encontramos en nuestra nueva actividad.

En el ámbito de la conciencia, el Ocho de Oros significa que volvemos a hincar los codos tanto en sentido estricto como en sentido figurado. Indica que estamos en una fase de aprendizaje en la que vamos explorando sistemáticamente nuevos campos del conocimiento, o que «en la escuela de la vida» nos vemos enfrentados a nuevas experiencias. En función de nuestra disposición interna a aprender, esta fase puede ser vivida como algo enriquecedor y revitalizante; o podemos vivirla con apatía como algo muy penoso. En cualquier caso, se trata siempre de un valioso aumento de nuestro conocimiento mental y espiritual.

En el terreno de nuestras relaciones personales, esta carta de reinicio indica que comenzamos, que construimos una nueva relación de gran futuro. Paralelamente, también puede significar que dentro de una relación ya existente tenemos nuevas experiencias y andamos nuevos caminos, que por regla general inauguran vastas y satisfactorias perspectivas.

Posición 2

Es consciente de que se encuentra todavía en la fase inicial y sus experiencias en relación con el proyecto son limitadas. Si la carta de la posición 1 no tiene un carácter marcadamente negativo, puede suponer que su empresa saldrá bien, siempre que aporte la suficiente paciencia y no se sobrevalore.

Posición 7

Hágase a la idea de que entra usted en un nuevo campo de experiencias del que no posee apenas conocimientos previos. Sea receptivo para todo lo que le sale al encuentro y esté dispuesto a aprender cosas nuevas. Practique la modestia. Sin lugar a dudas, su sed de conocimiento quedará saciada; el resultado no le decepcionará.

Posición 3

Nota que se encuentra como principiante en un nuevo proceso de aprendizaje y que se le exige tanto modestia como constancia. Si es usted una persona que disfruta aprendiendo, gozará de esta fase. Puede que la carta de la posición 6 le indique que ya ha pasado del punto en que creía encontrarse y que ya puede cosechar los primeros frutos.

Posición 6

Alégrese de esta nueva fase de reinicio. El tiempo de espera ha pasado. Ante usted se halla un nuevo trabajo constructivo en el que irá adquiriendo experiencias paso a paso, en el que irá creciendo interiormente y que le conducirá a un resultado satisfactorio.

Posición 4

Hasta ahora ha dado la impresión de ser un principiante, lo que es bueno si se trata efectivamente de un campo en el que sus conocimientos previos son muy escasos. Si, por el contrario, habían depositado en usted más esperanzas, su comportamiento ha desilusionado.

Posición 5

Sea modesto, demuestre que entiende muy poco del asunto pero que se encuentra gustosamente dispuesto a aprender. Afronte su proyecto sin perder de vista el objetivo, con confianza y ganas de actuar. Demuestre su sed de conocimientos y sus ansias de aprender. Vivirá todavía mucho de sus nuevas experiencias.

Nueve de Oros

Correspondencia astrológica

Júpiter/Venus en la quinta casa
como gran beneficio

Imagen mitológica

La inesperada pesca milagrosa de
Pedro

Correspondencia del I Ching

42 I / El Aumento

Ya desde su interpretación tradicional, el Nueve de Oros ha sido la carta de la suerte en las finanzas, que promete un gran beneficio la mayoría de las veces inesperado. Significa por tanto evoluciones sorprendentemente buenas, golpes de suerte repentinos y situaciones que el lenguaje popular expresa con la frase «llevarse el gato al agua». Junto a este punto indudablemente fuerte que se orienta hacia nuestras ganancias externas, la carta tiene un aspecto que expresa también la vivencia de un enriquecimiento interno palpable.

En el terreno profesional, indica que tenemos ante nosotros un negocio de mucho éxito, quizá incluso un beneficio espectacular. Igualmente puede significar que ascendemos a una posición lucrativa muy codiciada, que una candidatura que hemos presentado obtiene un resultado inesperado, o que los exámenes nos salen sorprendentemente bien. Con ese trasfondo, la carta significa también que estamos satisfechos de nuestros trabajos profesionales, que nos sentimos interiormente felices y enriquecidos.

En el ámbito de la conciencia, esta carta significa el repentino reconocimiento de una riqueza interior y a menudo también exterior. También puede indicar situaciones en las que, por un giro sorpresivo de la rutina cotidiana o por un encuentro decisivo, nos damos cuenta, para nuestra propia sorpresa, de las facultades que se esconden en nosotros y de las posibilidades de crecimiento y despliegue que encierran. También puede significar que completamos un cambio de conciencia decisivo y que experimentamos de esa forma el paso de una conciencia medrosa e insegura hacia una concienciación de nuestra riqueza.

En el terreno de nuestras relaciones personales, esta carta significa «llevarse el gato al agua», que en particular puede suponer hacer un buen partido, encontrar al amigo de nuestra vida, tener un encuentro que nos hace íntimamente felices. Pero esta carta no sólo indica nuevos contactos. En relaciones ya consolidadas significa épocas felices en las que experimentamos y gozamos la riqueza de la relación; la forma más bella de expresarlo tal vez sea con la imagen de unas vacaciones planteadas de tú a tú.

Posición 2

Tal vez haya visto en este asunto una ocasión única para hacer el gran negocio, o tal vez ya sabe que, en relación con el tema consultado, la suerte la tiene asegurada de su parte. Las cartas de las posiciones 1 y 7 le dicen si su punto de vista es correcto y cómo debe actuar.

Posición 7

Dé por sentado que es el afortunado ganador y que su proyecto evolucionará hacia un inesperado gran éxito. Aproveche este momento propicio y arriesgue más de lo habitual. Su porfía merecerá la pena.

Posición 3

Ha barruntado usted la gran oportunidad y le gustaría asestar el gran golpe, o bien se siente ya recompensado y goza del lujo y del placentero sentimiento de ser favorecido por el destino. Examine si la carta de la posición 6 le sigue alentando en esta actitud o si, por el contrario, fue un poco impulsivo y debería ser más austero.

Posición 6

Supere la timidez, las inhibiciones o la falsa modestia y arriesgue la tirada definitiva. Acepte la apuesta, confíe en su suerte, que le ofrece una brillante ocasión de llevarse el gato al agua.

Posición 4

Hasta ahora ha dado la sensación de ser un tipo con suerte. Si eso expresa verazmente su situación real, no hay más que felicitarle. Si solamente ha estado faroleando, le queda el recurso de desear que la suerte no le deje al final en la estacada.

Posición 5

Saque su as de la manga. Demuestre que en este asunto es usted un verdadero tipo con suerte y que sabe aprovechar una ocasión propicia. Si los enunciados de las posiciones 6 y 7, y especialmente el de la posición 1, son alentadores, esta vez puede apostar todo a una carta.

Diez de Oros

Correspondencia astrológica

Júpiter en la segunda casa en sentido de plenitud y riqueza

Imagen mitológica

La legendaria riqueza del rey Salomón

Correspondencia del I Ching

14 Ta Yu / La Posesión de lo Grande

El Diez de Oros simboliza una fase de nuestra vida en la que nuestro quehacer cotidiano está caracterizado por la plenitud, la riqueza, la seguridad, la estabilidad y la despreocupación. El simbolismo de la carta indica tanto riqueza interior como riqueza exterior. No obstante, para llegar a la plenitud interior es necesario una despierta atención. Por tanto, la carta contiene también la exigencia de no olvidar los aspectos interiores, mucho más esenciales, por nuestra preocupación comercial o exceso de celo. Indica que es ahora realmente cuando tenemos que abrir los ojos para poder vivir lo cotidiano presuntamente gris y lo que realmente pueda ofrecernos.

En el terreno profesional, significa que, al modificar nuestra atención, podemos ir reduciendo la rutina del trabajo diario para vivirla como fuente de enriquecimiento interno. Podemos obtener experiencias tal y como se describe en el libro de Graf Dürckheim *Alltag als Übung*[25] o en la meditación en el trabajo de Gurdjieffs. La carta indica la seguridad del puesto de trabajo, objetos que merecen la pena, negocios propicios, buena remuneración y éxito material y espiritual a partes iguales.

En el ámbito de la conciencia, significa riqueza de pensamientos. Gracias a la abundancia de pensamientos y a los conocimientos con ellos relacionados, se amplían nuestros horizontes. Al igual que ocurre en un rompecabezas, las posibilidades que una a una eran asequibles como aspectos parciales de la realidad se reconocen súbitamente como relacionadas entre sí y se conjuntan para formar una gran imagen, un posible plan. Esto conduce a la concienciación de nuestra riqueza.

En las relaciones personales, la abundancia de esta carta anuncia sin lugar a dudas una época bella en la que las múltiples facetas de nuestra relación se viven con alegría. Es precisamente en este terreno donde adquiere una especial significación el sutil aspecto de la riqueza interna: nos abre los ojos a los pequeños gestos, a todo aquello que, por costumbre o por ceguera, no hemos percibido y no percibimos.

Posición 2

Ha visto la abundancia de posibilidades que esconde el asunto. Pero tal vez ha dirigido demasiado su atención al éxito material, a lo que saldrá al final como resultado; ¿no ha olvidado los valores que se esconden detrás?

Posición 7

Reconozca la inmensa cantidad de posibilidades que se le presentan. Tome conciencia de estas fecundas oportunidades, y contemple el asunto con fe ciega: su proyecto se verá coronado por el éxito. No deje de aprovechar también la infinidad de sucesos secundarios aparentemente superfluos.

Posición 3

Ha estado bastante seguro de su asunto y ha vivido en toda su plenitud las fases pasadas como algo afortunado y enriquecedor. ¿No estuvo su corazón demasiado ajetreado y tendió en exceso al brillo externo y al éxito?

Posición 6

Abra su corazón y deje que se inunde de la riqueza y la abundancia de las experiencias que le salen al paso. Tómese el tiempo necesario para disfrutar profunda y felizmente de esta gran ocasión. Está en el camino del éxito.

Posición 4

Hasta ahora ha actuado con seguridad, confianza y determinación. No ha pensado ni por asomo que su proyecto pudiera ser «una camisa demasiado grande para meterse dentro». Es posible que haya dado una impresión demasiado grandilocuente y que haya perdido el sentido del detalle.

Posición 5

Actúe usted sintiéndose seguro del éxito. Su proyecto merecerá la pena sin lugar a dudas. No se imponga márgenes demasiado estrechos; en vez de eso, muestre su confianza, sus capacidades y sus facultades.

Sota de Oros

Correspondencia astrológica

Urano y Venus en conjunción con Tauro como la oportunidad sorprendente y de gran valor

SOTA de OROS

Imagen mitológica

Ariadna, que, con la valiosa ayuda de Teseo, encontró la salida del laberinto

Correspondencia del I Ching

53, 100/ La Evolución, Progreso Paulatino

La Sota de Oros revela una oportunidad que se nos ofrece, un impulso que se cruza en nuestro camino. Interpretando el elemento Tierra que se asocia con los oros, se trata en este caso de una proposición concreta y factible; de una proposición muy útil. Dada la estabilidad del elemento Tierra, esta oferta puede contemplarse como fiable y genuina. En función de cómo se oriente la pregunta, puede tratarse, por una parte, de la posibilidad de llevar a la práctica la oportunidad, concluir un buen negocio o de que nos encarguen una nueva tarea; por otra parte, puede tratarse de la perspectiva de una experiencia simbólica o de una propuesta extremadamente provechosa que nos ayudará a salir del estancamiento. Lo aprehensible, lo sólido, es siempre característico de los impulsos y ocasiones que indica esta carta.

En el terreno profesional, se trata de un buen plan, un nuevo proyecto, o de un plan cuya realización está experimentando un fuerte apoyo. La sota indica la posibilidad de encontrar trabajo, ganar dinero, recibir la oferta de un nuevo puesto o cerrar un negocio lucrativo.

En el ámbito de la conciencia, esta carta revela la ocasión de llegar a resultados palpables. Las preguntas e incertidumbres y consideraciones que hemos soportado en nosotros durante mucho tiempo pueden experimentar una iluminación que proviene del exterior dada por un impulso sustancial. Los planes se estructuran, los proyectos se realizan. Las ideas que hasta ahora eran más bien juegos mentales se transforman en realidad, impulsadas por este estímulo. Los consabidos «tendría que...» o «algún día voy a...», pueden transformarse ahora en realidad gracias a una propuesta llena de sentido, o a una buena ocasión.

En nuestras relaciones, esta carta expresa igualmente una buena oportunidad para llegar a experiencias valiosas y estables. El espectro abarca desde una experiencia sensorial única hasta la oportunidad de entrar en una relación duradera. La Sota de Oros puede simbolizar la iniciativa y el paso que hace que una aventura amorosa se convierta en una relación estable. En el caso de relaciones permanentes, estables, esta carta indica siempre un fuerte impulso en el que está la base para aclarar de forma duradera posiciones hasta entonces encontradas; y simboliza también impulsos eficaces para evoluciones futuras.

Posición 2

O bien ha reconocido la valiosa oportunidad que se le presenta, o bien hasta ahora ha estado esperando un estímulo exterior que le ayude a salir y a avanzar en su asunto. Ha estado esperando ansiosamente una posibilidad concreta que se le pudiera presentar para llevar a la práctica su proyecto.

Posición 7

Se le presentará una buena ocasión para realizar sus planes. Ahora se le ofrece un medio que será una ayuda para ello; mantenga los ojos abiertos para percibir, reconocer y aprovechar esta oportunidad.

Posición 3

Hasta ahora ha estado esperando instintivamente, y en cierta manera confiando, que se le presentara una oportunidad idónea, o recibir una ayuda de fuera para realizar sus deseos.

Posición 6

Confíe plenamente en su intuición, que le lleva a una buena ocasión que se le presentará en breve. Puede contar con una proposición en firme, y con una propuesta atractiva. Sea abierto y esté dispuesto a aprovechar esta oportunidad y esta ayuda de los demás.

Posición 4

Hasta ahora ha adoptado una conducta pasiva, demostrando que, sin ayuda y estímulo de los demás, no sale adelante. Ha esperado la ocasión correcta y tal vez haya apostado porque pongan a su disposición el capital inicial.

Posición 5

Si con su conducta muestra que está dispuesto a aceptar impulsos e incentivos, e incluso ayuda, éstos pronto se le presentarán. En este caso, no se trata de que usted mismo haga algo o tome la iniciativa de algo, sino de su disposición para dejarse ayudar o dejarse regalar algo.

Caballo de Oros

CABALLO de OROS

Correspondencia astrológica

Júpiter en Tauro simbolizando valores estables, genuinos y adultos

Imagen mitológica

Efaisto, en la fragua olímpica en la que se fabrican los grandes tesoros de los dioses

Correspondencia del I Ching

32 Hong / La Duración

El Caballo de Oros encarna el estado de ánimo en el que se pueden adquirir valores estables con aplicación, perseverancia y constancia. Simboliza el sentido por lo sólido, lo genuino y lo perdurable, y, por tanto, el suelo sólido y fiable, el cimiento en el que podemos confiar y sobre el que podemos construir. Nos representa la atmósfera del elemento Tierra, de la realidad corporal en la que crece la seguridad, en la que cuentan los resultados palpables y las formas de comportamiento pragmáticas y que en último término nos ofrece el marco para nuestras experiencias sensoriales. Sólo cuando este comportamiento se exagera, lleva a testarudez y perseverancia rígida, a dura servidumbre o a su contrario, a indolente pereza y descarrío sensorial.

En el terreno profesional, el Caballo de Oros simboliza una atmósfera laboriosa en la que se hacen negocios productivos con perseverancia. Indica nuestra buena intuición para las ocasiones oportunas y nuestra disposición a trabajar conscientes del éxito y el beneficio. La carta significa además que tenemos ante nosotros una época propicia en la que podremos realizar nuestros proyectos profesionales y agudizar nuestro sentido por lo factible y lo valioso. En exámenes, negociaciones y otros proyectos profesionales, el Caballo de Oros significa que podemos contar con resultados diáfanos, palpables y duraderos.

En el ámbito de la conciencia, esta carta significa que agudizamos nuestro sentido de la realidad y que buscamos caminos para hacer efectivas nuestras ideas y concepciones. Esto puede conducir a una política de pequeños pasos en la que damos más valor a una meta a corto plazo alcanzada que a una meta a largo plazo ideal pero en principio inalcanzable*. Esta carta indica además que nos ocupamos de cuestiones de nuestra seguridad (material) y que nuestros proyectos los evaluamos de forma muy pragmática siguiendo relaciones coste-beneficio. Sólo en casos aislados, esta carta es una advertencia ante las exageraciones tales como la falta de perspicacia, el endurecimiento interno y la codicia sin escrúpulos.

En nuestras relaciones personales, el Caballo de Oros indica que nuestra relación está caracterizada por la solidez, la fiabilidad, la durabilidad, la lealtad y una sensualidad cálidamente vivida. Es la quintaesencia de lo que en el lenguaje popular se denomina una «relación fija», o ve en perspectiva una relación de ese tipo para el caso de que en el momento de la consulta vivamos solos. En la relación de pareja caracterizada por esta carta, la familiaridad cuenta más que el prurito de la novedad, la soledad compartida más que la variedad, y el calor del nido más que la libertad personal y la independencia.

---

* En la terminología de la política, el Caballo de Oros encarna a los realistas (y, por el contrario, los fundamentalistas estarían representados por el Caballo de Bastos).

Posición 2

Ha considerado el asunto de forma muy realista, viendo que para su proyecto son de gran importancia la fiabilidad, la solidez y la aplicación en el trabajo. Quizá su postura haya sido un poco tímida y carente de fantasía o se haya empecinado un tanto en su punto de vista unilateral.

Posición 7

Reconozca que tiene ante sí buenas oportunidades lucrativas en las que debería actuar de forma totalmente pragmática y con los pies en el suelo. Considere qué parte de su proyecto es factible y qué pertenece al terreno de la fantasía y de los deseos irrealizables. Después, ponga todo su empeño y dedicación en realizar su plan. Demuestre su sentido de los negocios, pero evite todo tipo de especulación.

Posición 3

Posee un fuerte sentido de la vinculación y hasta ahora ha vivido en un ambiente seguro y recogido, o cree poder llegar a un entorno así dentro de su proyecto. Tiene usted una imagen clara y bien delimitada del asunto. Quizá se haya estancado demasiado y tenga que reconocer que hasta ahora ha estado dando pasos sin avanzar.

Posición 6

Enfréntese con paciencia y perseverancia a su proyecto. Cree una atmósfera propicia en la que se sienta seguro, que permita madurar y crecer con constancia a sus planes. Sea consecuente consigo mismo, objetivo y claro. No precipite las cosas y no se deje seducir por proposiciones frívolas o deseos demasiado subidos de tono.

Posición 4

Hasta ahora ha actuado diligentemente con empeño y habilidad dando una impresión fiable y consistente. Pero quizá también haya exagerado un poco, no haya avanzado y haya dado una impresión de inmovilidad, testarudez, o incluso de ser flemático e indolente.

Posición 5

Muestre su sentido de la realidad. Sea constante, consecuente, y, cuando sea necesario, incluso testarudo y recalcitrante. No se deje irritar en su sentido de lo factible. Limítese, permanezca con los pies en el suelo y manténgase firme creando una atmósfera en la que con dedicación puedan prosperar los negocios sólidos y los valores constantes.

Reina de Oros*

Correspondencia astrológica

Luna en Tauro significando apego al suelo, fertilidad y sentido de la familia

REINA de OROS

Imagen mitológica

La diosa egipcia de la fertilidad, Isis, representada con cabeza del toro Apis; y su correspondiente diosa griega, Io, con figura de vaca. Europa, amada de Zeus (en forma de toro blanco)

Correspondencia del I Ching

—

La Reina de Oros encarna el lado femenino del elemento Tierra y simboliza la solidez, la bondad de espíritu, la fiabilidad, el sentido de la realidad, la laboriosidad, la fertilidad y las facultades y el espíritu sensitivo. Tiene un buen instinto para la naturaleza y para el suelo fértil, lo que deja patente de forma magistral la imagen de una campesina; pero también puede desarrollar una fuerte intuición de los valores materiales, lo que, unido a la acritud y al salero natural, viene representado por la Madre Coraje. Su fertilidad y su sensorialidad le hacen convertirse tanto en una preocupada madre de familia numerosa como en una artista de talento o en una mujer ávida de sentidos, abierta y receptiva a todos los placeres de la vida. La exageración de este carácter puede conducir al endurecimiento más amargo o a la pereza indolente y dada a los placeres.

En el terreno profesional, esta carta indica que se ponen a prueba nuestras capacidades prácticas, que vivimos nuestro día a día laboral con celo y paciencia, aunque también creativamente, y que superamos nuestros trabajos. La Reina de Oros indica fiabilidad y perseverancia, que caracterizan tanto el método de trabajo como el currículum profesional. No se trata de éxitos espectaculares o de avances a grandes saltos, sino más bien de estabilidad y de la capacidad de poder dejar que sucedan las cosas (C. G. Jung).

En el ámbito de la conciencia, la Reina de Oros simboliza que nos encontramos en una fase en la que estamos «empollando» algo que tendrá un sitio fijo en nuestra vida. Estamos abiertos a los estímulos e impulsos de los demás, pero examinamos críticamente si son realistas y factibles. En estas épocas, no nos entusiasmamos fácilmente por conceptos demasiado abstractos o por tendencias condicionadas por la moda, pero sí por propuestas de índole práctica y sabidurías populares que dan la talla. En todo ello, no se trata de una actitud vital depauperada y frágil. Al contrario: la Reina de Oros encarna una alegría de los sentidos que se expresa cálidamente y con bastante exuberancia.

En nuestras relaciones personales, esta carta simboliza una fase cálida de sentimientos. Además indica fidelidad, estabilidad y nuestro anhelo de calor y serenidad. También puede indicar que estamos dispuestos y abiertos para casarnos y fundar una familia.

---

* Respecto a las peculiaridades de las figuras, ver pág. 17.

Posición 2

Hasta ahora ha considerado el asunto de forma .reflexiva y espectante, lo que le ha proporcionado una perspectiva realista. Al mismo tiempo, en su interior habrá ido madurando un concepto claro de cómo debe ser su comportamiento futuro. La carta de la posición 5 le indica si ha llegado el momento de llevar a la práctica estas reflexiones.

Posición 7

Considere el asunto con recato y reflexión. Probablemente sea necesario un poco más de tiempo y usted tenga que reunir todavía hechos reales hasta que pueda llegar a una actitud clara y actuar en consecuencia.

Posición 3

En su interior ha adoptado una actitud benévola y bonachona, aun cuando no siempre lo manifieste al exterior. Paralelamente tiene una fina intuición para captar lo factible y aprovechable. Pero también podría suceder que haya sido demasiado crítico y haya estado demasiado preocupado por la seguridad. Compruebe que la carta de la posición 6 no le exige un mayor gusto por el riesgo.

Posición 6

No se deje arrastrar por sentimientos sobresaltados y acciones precipitadas. Examine cautelosamente sus posibilidades, con precaución y espíritu crítico. Acepte sin preocuparse los estímulos de los demás, pero no se deje influir ni extraviar por ellos. Necesita todavía un poco de tiempo para llegar a una actitud clara y a la seguridad interna.

Posición 4

Hasta ahora ha mantenido los pies en el suelo, con un espíritu práctico y paciente, poniendo a prueba su aplicación, su constancia, su capacidad de sacrificio o su creatividad. Su carácter reflexivo ha representado una ventaja. Tal vez haya dado la impresión de ser un tanto duro y hosco, o, por el contrario, haya tenido irradiaciones muy sensoriales.

Posición 5

Demuestre su inteligencia práctica y su capacidad de proceder con pragmatismo. Marque sus límites frente a las exigencias poco realistas de los demás. Pero refrene también sus propios deseos y sueños excesivos. Siga pacientemente el camino de lo factible, quizá algo austero, pero realista. Probablemente ha llegado el momento de cosechar los frutos de su actitud.

Rey de Oros*

REY de OROS

Correspondencia astrológica

Sol en Tauro como expresión de afán de posesión, sensualidad y dependencia de las cosas

Imagen mitológica

El rey Minos de Creta, hijo de Zeus encarnado en toro y de Europa, padre del minotauro; O Dioniso, dios voluptuoso del vino y del éxtasis

Correspondencia del I Ching

—

El Rey de Oros encarna el lado masculino del elemento Tierra. Por tanto simboliza nuestro afán de posesión, seguridad y valores palpables; encarna nuestro sentido de la realidad. Para él lo que cuentan son los hechos, no las palabras, los deseos o las buenas intenciones. Expresa nuestro afán de constancia, estabilidad y regreso fiable de lo conocido y familiar. Posee un fino sentido de lo factible y de lo que es apropiado, así como un sentido instintivo muy desarrollado para captar las ocasiones propicias de hacer buenos negocios. Simboliza nuestra conciencia temporal, el saber que los valores estables sólo maduran con lentitud, e indica nuestra disposición a esperar pacientemente y a no precipitar las cosas. Además, el Rey de Oros expresa nuestra naturaleza gozadora y libertina y nuestra ávida búsqueda de satisfacción. Su lado oscuro simboliza al libertino insaciable, al usurero despiadado e incluso al haragán relamido, el «Oblomov que hay en nosotros», como lo describe de forma genial Gontscharow[26].

En el terreno profesional, esta carta indica sobre todo nuestro anhelo de seguridad, nuestro sentido de lo discreto y estable. Simboliza alegría en el trabajo, un sano sentido comercial unido a la paciencia y a una gran tenacidad, como se expresa con la imagen del campesino, del artesano o del banquero. El Rey de Oros está versado en finanzas y expresa un sentido noctámbulo para reconocer y aprovechar las ocasiones, al igual que para desenmascarar y rechazar las ofertas de los charlatanes. Simboliza un espíritu de equipo sano, y sólo en casos excepcionales es un «luchador solitario».

En el ámbito de la conciencia, esta carta indica que nuestros sentidos los enfocamos a la realidad y que nos orientamos hacia lo factible, en lugar de porfiar en metas demasiado elevadas. Simboliza una época en la que por una parte estamos preocupados por conseguir una imagen del mundo cercana a la realidad y estable, y por otra parte nos afanamos por convertir en realidad, en la medida de lo posible, nuestros deseos y buenas intenciones. La carta del astutísimo Rey de Oros significa que situamos en primer plano la acción, el resultado palpable, mientras vamos recorriendo con habilidad (también con satisfacción) el camino que se recorre con pequeños pasos, si reconocemos que la gran meta sólo se puede alcanzar de esta forma.

En nuestras relaciones personales, esta carta significa que la estabilidad, la amistad consolidada, la confianza, la fidelidad y la cercanía cálida son para nosotros más importantes que la variación o el atractivo de la novedad. Es precisamente en este ámbito de las relaciones personales donde mejor se expresa el aspecto gozoso y sensual de la carta. Expresa nuestro anhelo de una relación de pareja duradera vivida intensamente. En algunos casos expresa también la voluntad de fundar una familia. Sin embargo, cuando la necesaria seguridad está amenazada, esta carta también puede significar una forma peligrosa de celos.

---

* Respecto a las peculiaridades de las figuras, ver pág. 17.

Posición 2

Hasta ahora ha contemplado el asunto de forma austera y objetiva, y ha demostrado poseer sentido de lo factible. De ahí que tenga usted una postura clara y pragmática y que valore sus posibilidades con realismo. Pero puede ser que la carta de la posición 7 le indique que ha tenido muy poca fantasía o que debería ser un poco más amigo del riesgo.

Posición 7

Reconozca que en este asunto se le exige todo su sentido de la realidad. Compruebe que su proyecto es factible y realista. Determine claramente cuánto trabajo requiere y si realmente merece la pena. Reflexione con la suficiente antelación cuánto tiempo requerirá su plan para no planificar a demasiado corto plazo.

Posición 3

Hasta ahora ha vivido su situación desde un punto de vista placentero y gozoso, y se ha afanado por extraer de su proyecto el mayor placer o beneficio posible. Quizá haya adoptado usted una postura un tanto relamida o cómoda, y la carta de la posición 6 le indica que debería ser más atrevido y buscar con más énfasis su meta.

Posición 6

Afronte su proyecto con ganas y, si se trata de un asunto profesional o financiero, demuestre su fiable instinto para los buenos y serios negocios. Sea constante, conserve la paciencia, y tómese el tiempo suficiente para no convertirse en un agobiado.

Posición 4

Ha actuado con competencia y realismo, confiado de sí mismo, dando la impresión de estar versado en el asunto y de ser serio. En realidad, nada se le debería interponer en su camino, a no ser que lo haya fingido o en caso de que haya sido demasiado testarudo y reacio.

Posición 5

Demuestre que ve la situación con claridad y realismo, que es usted estable y digno de confianza, y que en su proyecto no le preocupa un éxito a corto plazo, sino un crecimiento constante y de metas a largo plazo. Muestre que tiene talento práctico, que posee un sano sentido de la sociabilidad; y, si la situación lo exige, demuestre que es un gozador entusiasta.

As de Copas

Correspondencia astrológica

Neptuno/Júpiter en conjunción armónica con el Sol como la merced de la satisfacción interior

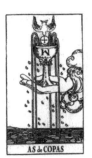

AS de COPAS

Imagen mitológica

El Santo Grial como encarnación del anhelado Bien Supremo

Correspondencia del I Ching

64 Wei Chi / Antes de la Consumación

El As de Copas es una de las grandes cartas de la suerte del Tarot. Al igual que los demás ases, indica una gran oportunidad que se abre ante nosotros: en este caso puede conducirnos a la más profunda satisfacción. El significado que eso pueda tener para cada persona depende de la actitud vital individual de cada uno. El espectro de esta carta abarca desde la alegría, el agradecimiento y la satisfacción por el éxito de las cosas externas, hasta la más profunda dicha de ser uno. Sin lugar a dudas, en un primer plano se encuentra el misterio del amor en todas sus formas de expresión posibles: amor al prójimo, amor paternal, amor sensual erótico, amor propio y amor a Dios. Pero, naturalmente, esta carta también puede vaticinar otras formas más cotidianas de la suerte, si bien el lado material de este concepto se expresa preferentemente mediante el As de Oros. En cualquier caso, no deberíamos perder de vista que se trata de una gran oportunidad que se halla dentro de nosotros o que se nos presenta dentro de nuestro proyecto; y no se abalanza, sino que desea ser descubierta y desarrollada.

En el terreno profesional, esta carta significa que estamos en el buen camino que nos puede conducir a nuestra auténtica vocación superando las ideas corrientes de trabajo y profesión. Por ello, el As de Copas indica tal vez la oportunidad única de conjuntar armónicamente la esfera de lo necesario vital con la experiencia de la más profunda satisfacción. Como esta vivencia se sitúa más allá de los valores externos, puede hacer referencia tanto al feliz barrendero como al doctor que realiza su trabajo en el interior de la selva virgen. En situaciones más cotidianas, esta carta indica satisfacciones (de deseos) en nuestra carrera profesional. Aquí cabe mencionar exámenes aprobados, el éxito de otros planes y proyectos de gran extensión, etc.

En el ámbito de nuestra conciencia, el As de Copas significa que avanzamos hacia las profundidades, donde podemos encontrar la fe, la confianza y la seguridad primitivas como respuesta a las tres angustias primitivas, comunes a todos nosotros, de las que habla Graf Dürckheim: el miedo a la destrucción, la desesperación del absurdo y el desconsuelo de la soledad[27]. Por ello, esta carta muestra que, por la vía de la meditación u otras prácticas adecuadas, podemos llegar a la satisfactoria certeza que otros trataron de describir como la unción de los númenes, del Todo en la Unidad.

En el terreno de nuestras relaciones personales, esta carta de consumación simboliza sobre todo la experiencia del gran amor. La oportunidad que aquí se nos ofrece abarca desde el sentimiento de enamoramiento espontáneo hasta la profunda dicha del amor maduro y la confiada certeza del recogimiento y del descubrirnos en otros.

Posición 2

Presupone que está en el buen camino y que la gran suerte le espera. La carta de la posición 1 puede decirle si tiene razón en su actitud, y la carta de la posición 7, cuál es la mejor forma de reconocer y aprovechar la oportunidad.

Posición 7

Reconozca la oportunidad única que se le presenta. Su proyecto incluye la posibilidad de alcanzar una profunda satisfacción y una gran alegría. No ceda hasta haber alcanzado este punto. El resultado le dejará más que satisfecho.

Posición 3

Nota la gran importancia que su anterior situación tiene en usted, y busca en ella la posibilidad de alcanzar la auténtica culminación. La carta de la posición 1 le indica si está en el buen camino hacia ello, y la de la posición 6, cuál es la mejor forma de predisposición interna.

Posición 6

Entra usted en un terreno que le afecta en lo más profundo de su ser. Ábrase a esta experiencia y déjese inundar y colmar por el sentimiento de bienaventurada felicidad. Aproveche esta oportunidad, posiblemente única, para alcanzar una meta desproporcionadamente buena.

Posición 4

Hasta ahora ha mostrado que apuesta por una evolución halagüeña y dichosa de los acontecimientos, que lo que le interesa en este asunto son los profundos sentimientos. La carta de la posición 1 le indica si la evolución de los acontecimientos da la razón a su actitud. La posición 5 puede decirle qué es lo mejor que debe hacer para alcanzar su objetivo.

Posición 5

Demuestre que apuesta con plena confianza por una evolución favorable, que está dispuesto a abrirse agradecido a una experiencia profunda, arrebatadora incluso. Muestre que confía en su intuición y que deja que ella le lleve por el buen camino.

Dos de Copas

Correspondencia astrológica

Venus ascendente significando amoroso encuentro

Imagen mitológica

La diosa romana Concordia

Correspondencia del I Ching

31 Hsien / El Influjo, El Cortejo

El Dos de Copas simboliza un encuentro amoroso. Por ello, tanto puede ser el síntoma de que conocemos a una nueva persona simpática, como expresar reconciliación o trato cariñoso dentro de una relación ya existente. Se acentúa sin lugar a dudas en el ámbito personal, donde indica flirteos, enamoramientos espontáneos, un feliz reencuentro o el inicio de una dulce relación o amistad. Pero también puede indicar que somos cordialmente bienvenidos en viajes, empresas profesionales u otros proyectos, y que podemos contar con acogidas espontáneas.

En el terreno profesional, esta carta significa por una parte un entorno agradable, buena colaboración y un ambiente de trabajo entre agradable y cordial. Además, cuando aparece relacionada con cambios profesionales, significa que somos aceptados con sinceridad y simpatía y que podemos contar con la comprensión y apoyo de nuestros nuevos compañeros y superiores. Lo mismo puede decirse en el caso de oposiciones o de establecer nuevas relaciones comerciales, y, naturalmente, también para conversaciones y negociaciones privadas.

En el ámbito de nuestra conciencia, el Dos de Copas indica que nos ocupamos de pensamientos como el amor y la armonía, y que vamos abiertos hacia nuestros semejantes. Con no poca frecuencia simboliza una visión del mundo profundamente afirmativa, que surge como consecuencia de un encuentro que nos ha agitado y transformado interiormente. Además puede indicar que experimentamos el profundo significado del amor al prójimo y que esta vivencia traspasa nuestra conciencia.

En el terreno de nuestras relaciones personales es donde esta carta tiene sin lugar a dudas su principal significado. Simboliza fases de enamoramiento, de flirteo, y por tanto es frecuente que se refiera también a una nueva persona que irrumpe súbitamente en nuestra vida. Pero además puede indicar un amoroso intercambio dentro de una relación de pareja ya existente, y la reconciliación después de una desavenencia o de épocas de disputa.

Posición 2

Hasta ahora ha contemplado el asunto con confianza; se ha dirigido con franqueza a los demás. Quizá le haya inspirado un encuentro con una persona simpática que ha despertado en usted la idea de una empresa común o de un futuro conjunto.

Posición 7

Dé por sentado que se encontrará con la o las personas que son importantes para su proyecto. Puede contar con la total seguridad de que es bienvenido y de que encuentra auténtica comprensión. Considere el asunto con optimismo y buenos ojos. No se decepcionará.

Posición 3

Hasta ahora ha actuado lleno de alegría y entusiasmo. Probablemente esté recién enamorado o haya encontrado personas con las que quiere realizar su proyecto. Las cartas de las posiciones 1 y 6 le indican a dónde lleva ese encuentro y qué postura tomar ante él.

Posición 6

Acérquese a sus semejantes con amor y sinceridad. Tendrá un encuentro muy grato, que, en función del terreno al que se refiere la pregunta, puede conducir a la reconciliación, al enamoramiento, al flirteo o a una familia muy simpática, incluso a un equipo de trabajo. Regale amor, confianza y comprensión. No se arrepentirá.

Posición 4

Da impresión de enamorado, encantador, o tierno y afectuoso. Se ve que un encuentro interesante y vivaz le ha dado alas. Ha estado abierto y asequible y se ha entendido bien con la o las personas que son importantes para su proyecto.

Posición 5

Sea deferente, encantador y amable. Vaya hacia la o las otras personas. Tenga ánimo de dar el primer paso. Será recibido. En función de cuál sea el trasfondo de la pregunta consultada, debería mostrarse conciliador y comprensivo, o incluso tierno, galante y seductor. Demuestre que no se le ha olvidado flirtear.

Tres de Copas

Correspondencia astrológica

Venus como expresión de alborozo
y agradecimiento

Imagen mitológica

Las tres Caridades o Gracias, diosas
de la gracia: Aglae (Esplendor),
Eufrósine (Alborozo) y Talía (Vegetación)

Correspondencia del I Ching

58 Tui / Lo Sereno

El Tres de Copas expresa alegría, despreocupación y agradecimiento, como queda magnífica-
mente ilustrado en la experiencia de las fiestas
de la cosecha. Indica que hemos alcanzado o
que nos han regalado algo valioso y bello, por
lo que estamos dichosos, contentos y agradecidos. A un nivel interno, esta carta expresa alegría de vivir y satisfacción, y a un nivel externo
indica una fiesta de la alegría.

En el terreno profesional significa que
hemos alcanzado algo esencial y que celebra-
mos este resultado con agradecimiento. Puede
tratarse de exámenes aprobados, de la entrada
a un nuevo puesto de trabajo interesante, de un
ascenso, de un aumento de sueldo o de la culminación de un negocio importante. Además,
esta carta simboliza un ambiente de trabajo
agradable y acontecimientos sociales dentro del
grupo de compañeros.

En el ámbito de nuestra conciencia, el Tres
de Copas significa que vivimos dichosos y agradecidos la conclusión de una etapa importante,
o que nos regocijamos por habernos enterado
de algo agradable. Puede expresar también una
época en la que reconocemos, con satisfacción
y calma, que ha acabado una crisis que, si bien
nos exigía mucho, también nos ha empujado
hacia adelante en cierto sentido. También
puede significar simplemente que estamos
agradecidos, felices y dichosos de poder disfrutar nuestra vida.

**En el terreno de nuestras relaciones perso-
nales,** esta carta de la alegría apunta hacia
horas altas en las que nos dedicamos fervientemente a una relación de pareja armónica y cariñosa. Expresa el agradecimiento con el que
vivimos esta relación o con el que saludamos el
«crecimiento».

Posición 2

Ha considerado el asunto con agradecida satisfacción. Sabe que ha alcanzado o que le han regalado algo valioso, y ahora se alegra del momento de disfrutarlo.

Posición 7

Considere el asunto con serenidad y alegría. Afronte su proyecto con buen humor. Sin ninguna duda, no saldrá desilusionado. Se cierne sobre usted una experiencia regocijante, de la que podrá alegrarse y que disfrutará agradecido.

Posición 3

Está colmado por un sentimiento de dicha y agradecimiento profundos. Hasta ahora ha disfrutado de su situación y está contento y de buen humor. La carta de la posición 6 le indica si puede perseverar en esta firme alegría o si debería prepararse para nuevas tareas.

Posición 6

Ábrase a la alegría de vivir y afronte su proyecto risueño y con júbilo, con el presentimiento de agradecimiento y satisfacción. Vivirá una época dichosa que debería gozar y saborear. Haga algo que favorezca este ambiente. Rodéese con sus amigos de una compañía despreocupada, salga a bailar, váyase de vacaciones.

Posición 4

Ha dado una sensación placentera y despreocupada y ha celebrado el motivo como se merece. Se ha mostrado agradecido y satisfecho y ha irradiado positivamente sobre sus congéneres. Si las cartas de las posiciones 2 y 3 indican que esta actitud es conforme a su postura interna, no debería dejar este estado de ánimo, sino sólo complementarlo en el sentido que le indica la carta de la posición 5.

Posición 5

Deje participar a otros de su alegría. Muestre que es feliz y agradecido y que tiene buen humor. Dése una fiesta y celébrelo con sus amigos.

Cuatro de Copas

Correspondencia astrológica

Marte en Cáncer como expresión de
disgusto y tedio

Imagen mitológica

Aquiles, el colérico Peleida

Correspondencia del I Ching

—

Lo que mejor ilustra el espíritu de esta carta es la imagen del hartazgo, del sentimiento de hastío. Expresa con ello la inconstancia de nuestros sentimientos, que primero nos hacen desear fervientemente algo, para después, en el instante de su opulenta culminación, transformarlo en lo contrario, en rechazo, aversión y disgusto. El fastidio que ello implica puede abarcar desde la criticonería hasta graves formas de disensión, obstinación y exasperación, pasando por la estupidez. En todos estos casos, esta carta es una exhortación de advertencia para que no derivemos del desaliento en la ciega apatía, pasando por alto oportunidades cercanas y tangibles y gestos reconciliadores.

En el terrero profesional, el Cuatro de Copas indica que nuestra motivación ha tocado fondo y que ahora se imponen la amarga desazón, la cólera y el tedio. Puede significar tanto estupidez causada por la monótona rutina, como obcecación y sentimiento de ofensa, consecuencia de una reprimenda o de deseos negados. En estas situaciones deberíamos ver la carta como una valiosa indicación de que corremos peligro de pasar por alto oportunidades cercanas y tangibles debido a nuestra infructuosa lamentación.

En el ámbito de nuestra conciencia, el Cuatro de Copas expresa un amplio espectro, desde el vacío espiritual hasta la crisis de una vida insatisfecha, pasando por una apática inercia. Cuando se trate de las formas más leves de pereza pasajera y falta de interés, no tardará en surgir un viento fresco que se encargará de dar nuevos impulsos. Pero si esta carta significa auténtico tedio de la vida, debe entenderse como urgente exhortación para que reconozcamos y aprovechemos la oportunidad que nos recupera de nuestras zonas marginales para devolvernos al centro de la vida. Puede tratarse de actividades deportivas en las que sudamos gran parte de las tensiones internas y del tedio, hasta que estemos físicamente en forma y afrontemos con nuevas fuerzas los problemas que paralizan nuestro gozo de vivir.

En el terreno de nuestras relaciones personales, esta carta significa «ambiente cargado», si no una atmósfera auténticamente envenenada. Indica que estamos ciegos de celos o heridos y «picados» por cualquier otra sensación, y que, meditabundos, nos quedamos en nuestro rincón, «callándonoslo» y omitiéndolo con todo propósito. Es probable que con esta actitud tampoco reconozcamos los gestos reconciliadores y bondadosos. La carta nos exhorta a superar nuestra apatía y a abrirnos a los impulsos reconciliadores. No obstante, si la terquedad es por ambas partes, apuntándose una guerra de posiciones, yo recomiendo el método de la Tirada en Pareja (pág. 181) o la versión de ésta (el nudo gordiano)[28].

Posición 2

Hay algo que se ha tomado a mal, y ahora está enfadado, de mal humor y desilusionado. Antes de abandonar de mala gana, debería darle otra oportunidad al asunto. Si observa su entorno con atención, enseguida podrá percibir una buena ocasión. La carta de la posición 1 podrá darle quizá una importante pista.

Posición 7

Conciénciese de que su proyecto significa para usted enfado y mucha frustración. Pregúntese hasta qué punto está dispuesto a aceptar sobre sí esas cargas. La carta de la posición 1 puede decirle si merece la pena. Si se decide a continuar, debe tener cuidado de no caer en la vagancia o la apatía, pues, si no, las mejores oportunidades pasarán de largo a su lado sin aprovecharlas.

Posición 3

Está contrariado y disgustado interiormente, incluso amargado o apesadumbrado. Es evidente que algo le ha herido, y ahora está rencoroso y dolido. Tenga cuidado de no abandonarse a este estado de ánimo. De hacerlo así, podría pasar por alto valiosas ocasiones capaces de sacarle de su hundimiento anímico.

Posición 6

Entra usted en una situación en la que se vive a sí mismo sin interés y sin satisfacción, o en la que está profundamente malhumorado y gruñón. Si la perspectiva de la carta de la posición 1 es motivo suficiente para atravesar ese punto bajo, debería apretar los dientes y mantener los ojos bien abiertos, para no pasar por alto ningún gesto que pueda ayudarle ni ninguna buena ocasión. En caso contrario, debería olvidarse de su proyecto.

Posición 4

Da impresión de avinagrado y de malhumorado. Es evidente que se han metido con usted, y usted se muestra gruñón y muy ofendido. Pero quizá sólo esté apático y sin interés. Abandone ese empantanamiento sentimental. Eche una mirada a su alrededor: cerca se encuentra asequible una buena oportunidad.

Posición 5

Muestre que se encuentra herido y humillado. Afronte ese sentimiento aun cuando preferiría poner al mal tiempo buena cara. Esta vez debería exteriorizar todo su enojo. Se le presentará una buena ocasión para ello.

Cinco de Copas

Correspondencia astrológica

Saturno/Venus o Saturno/Luna como expresión de despedida, dolor, aflicción y opresión

Imagen mitológica

El dolor de Psique, que por su curiosidad expulsó a Eros, creyendo que lo había perdido para siempre

Correspondencia del I Ching

54 Kuei Mei / La Muchacha Desposada

El Cinco de Copas es la carta de la preocupación, del dolor, de la tristeza y la melancolía. Indica que se ha roto algo que hasta ahora significaba mucho para nosotros. Afirma también que no estamos solos en nuestro dolor y que podemos contar con el apoyo comprensivo y sugestivo de los demás. Sin embargo, este aspecto consolador no debería entenderse como indicación de que la causa de nuestro dolor es sólo aparente y de que podamos contar con un pronto regreso a sentimientos más serenos. Con bastante frecuencia, esta carta expresa nuestra propia frivolidad, por la que hemos menospreciado y destruido algo valioso. En cualquier caso, indica que hay una escapatoria. Nos exhorta a no permanecer más de lo necesario en el lugar sombrío.

En el terreno profesional, el Cinco de Copas simboliza el desencanto y el dolor sentidos por el fracaso de un proyecto. Puede significar que no aprobamos exámenes, que somos rechazados cuando nos presentamos de candidatos, o que los negocios que nos los prometíamos muy felices acaban con pérdidas. Paralelamente, esta carta nos exhorta a investigar las causas de este revés, a reconocer hasta qué punto la frivolidad, la falta de perspicacia o el desánimo y el tedio han sido determinantes.

En el ámbito de nuestra conciencia, el Cinco de Copas significa que hemos experimentado desilusiones y penas, y que ahora nos vemos enfrentados a las consecuencias. Puede suceder que logremos alcanzar una actitud vital más madura y pragmática y que abandonemos algunas expectativas demasiado inocentes o idealistas. Esta carta adquiere su significado más profundo cuando reconocemos nuestra propia negligencia, nuestro propio descuido o nuestro propio tedio como causas de nuestra desconso-

ladora experiencia, o cuando el dolor sentido en esta vivencia nos empuja a cuestionarnos anteriores formas de comportamiento y a llegar a nuevas actitudes y formas de vida.

En el terreno de nuestras relaciones personales, el Cinco de Copas significa por lo general una relación que ha fracasado, o que hemos sufrido una desilusión con un contacto muy prometedor. Cuando se trata del desconsolador final de una cariñosa relación de pareja, deberíamos preguntarnos cuál ha sido nuestra contribución a este fracaso. Con frecuencia tendremos que reconocer que una de las causas fundamentales ha sido la altivez que emana del aburrimiento. Sólo cuando reconozcamos esos motivos, tendremos la oportunidad de sacar una enseñanza de la experiencia, en lugar de tropezar una segunda vez.

Posición 2

Todavía está bajo la impresión que le ha causado una experiencia dolorosa. Sabe que estas heridas sólo curan con lentitud y que necesita tiempo para aprender de lo ocurrido. A pesar de todo, debería reconocer que es libre de abandonar en cualquier momento el lugar de la desconsoladora experiencia.

Posición 7

Conciénciese de que tiene ante sí una dolorosa experiencia, y de que sus expectativas se verán decepcionadas. No eluda esta vivencia. Trate de vivirla en toda su extensión. Busque la importante intuición que esta experiencia le tiene preparada. Sólo se aprende de ella. Se ahorrará que se repita.

Posición 3

Ha vivido una profunda decepción, está irritado y lleno de preocupaciones y penas. Acepte el consuelo y la comprensiva ayuda de las personas cercanas, sin esperar que lo destruido pueda sanar. La carta de la posición 6 puede indicarle en qué dirección debería dirigir sus sentimientos.

Posición 6

Tenga presencia de ánimo: sus sentimientos han sufrido un desengaño y se le acerca una fase difícil llena de dolor y pena. Trate de no salir huyendo o de engañarse. Recorra ese valle de lágrimas. Confíe en la comprensión y el amable apoyo de las personas que lo rodean. Al final abandonará el círculo prohibido de la pena y alcanzará nuevos y desconocidos horizontes.

Posición 4

Se le puede ver su tristeza, su dolor y desencanto. Con toda seguridad, lleva una mala época sobre sus espaldas. Puede que también dé la impresión de que se ha resignado a su pena, y que realmente no se ha preocupado de superar ese listón y de volver a encontrar la alegría de la vida.

Posición 5

Muestre su pesar, sus opresiones y dolores. No trate de ocultar sus auténticos sentimientos con apretar de dientes y gestos forzados. Deje vía libre a su afectación. Acepte el consuelo y la ayuda de sus amigos.

Seis de Copas

Correspondencia astrológica

Luna en Piscis como expresión de nostálgico y melancólico recuerdo, o Luna en Cáncer como romántica ensoñación

Imagen mitológica

La Titánide Mnemósine, diosa de la memoria, amada de Zeus y madre de las nueve Musas

Correspondencia del I Ching

—

Esta carta apunta al pasado. Indica que se despiertan en nosotros recuerdos a los que nos sentimos atados con romántica ensoñación o vehemente nostalgia. Esta visión vehemente y sentimental de las cosas puede elevar gratamente nuestra percepción del presente, o bien distorsionarla o enturbiarla. Como esta carta casi siempre simboliza imágenes de una época pasada, cuando la pregunta consultada haga referencia a ello, también puede simbolizar nuestra niñez o nuestros recuerdos de la temprana infancia.

En el terreno profesional, el Seis de Copas significa que vivimos nuestro día a día profesional más con romántica ensoñación que con objetiva orientación hacia nuestras metas. En profesiones creativas, esto puede representar un enriquecimiento; pero, en las que exigen un entendimiento objetivo de la realidad, esta fase es para nosotros y para los demás preferentemente desesperante. En épocas de inseguridad y reorientación profesionales, esta carta indica que nos acordamos de nuestros deseos y sueños de la infancia, de cuando queríamos hacer de todo si hubiéramos sido mayores. Dependiendo de la suerte que hayan corrido estos deseos, nuestros recuerdos pueden resultar opresivos o liberar nuevas energías. Contemplándolo desde el punto de vista de las dificultades profesionales cotidianas, también puede significar que nos gusta recordar épocas y otros trabajos en los que nos fue francamente mejor.

En el ámbito de nuestra conciencia, el Seis de Copas indica que miramos hacia atrás (especialmente a nuestra infancia), o que estamos ligados a sentimientos nostálgicos y vehementes. La potencia de estas imágenes puede inspirarnos para expresar estos sentimientos en forma de verso, en la pintura o por medio de cualquier arte. Pero puede conducir a la misantropía o al pueril desatino. Philipp Metman dice a este respecto: «Quien quiera salvar todas las felices fantasías de la infancia trasladándolas a la vida adulta no será nunca una persona madura. Y el que las estrangule antes de que sean desatadas o eliminadas por la experiencia de la vida, llegará a viejo»[29].

En nuestras relaciones personales, esta carta puede simbolizar un cálido recogimiento y una fase de enamoramiento fantástico. Con frecuencia expresa más el recuerdo de esas épocas que su propio presente. Es precisamente en el ámbito de nuestras relaciones personales donde puede manifestarse el carácter vehemente, a veces ridículamente sentimental, que encierra esta carta; pero, de la misma forma, también su lado romántico o fuertemente poético.

Posición 2

Ha estado dirigiendo sus miradas hacia atrás y está absorto en pensamientos de tiempos pasados. Puede ser que estas imágenes le inspiren y le den nueva fuerza. Pero si lo que está haciendo es únicamente huir de la realidad, debería dirigir su atención en el sentido que le marca la carta de la posición 7, en vez de seguir dando largas al asunto.

Posición 7

Retrotráigase en sus pensamientos en busca de imágenes que sean ilustrativas de su actual situación y que puedan ayudarle. Quizá descubra que experiencias remotas de la más tierna infancia son importantes para su proyecto actual, o que tienen un significado que explica su origen.

Posición 3

Está absorto en meditaciones y entregado a profundos sentimientos. Tal vez mire vehementemente hacia los sueños marchitos de épocas pasadas. Aliméntese de esos sentimientos, pero no olvide reconducir su atención al presente. Mire lo que le dice al respecto la carta de la posición 6.

Posición 6

Dé un giro hacia sus sueños, hacia sus fantasías no vividas. Saboree esas imágenes. Vaya a una exposición, goce contemplando una vieja película, lea un libro que le cautive. Su espíritu vive de imágenes. Aliméntele de ellas hasta que se sacie. Pronto volverá a notar dentro de sí una fresca y vivificante fuerza.

Posición 4

Se ha mostrado atado al pasado y bastante absorto en meditaciones, o incluso algo misántropo, encapsulado en sí mismo y puerilmente inocente. Quizá lo único que pasa es que estaba cansado de ser siempre adulto. Compruebe si puede seguir descansando o si la carta de la posición 5 vuelve a llamarle a la actividad.

Posición 5

Muestre sus anhelos, sus deseos y sueños. No se preocupe de estar algo perdido en juegos y de ser poco realista. No tenga ningún reparo en mostrar sus sentimientos vehementes y nostálgicos. Saque provecho del encanto que tiene el payaso triste.

Siete de Copas

Correspondencia astrológica

Neptuno como signo de engaño, ilusión y huida del mundo

Imagen mitológica

Ate, diosa griega del Error. Los lotófagos (comedores de loto); la ingestión del loto llevó a los compañeros de Ulises a la «Tierra del Olvido»

Correspondencia del I Ching

—

El Siete de Copas es la carta de la ilusión y el engaño, del espejismo, de la luz dudosa. Indica que concebimos falsas esperanzas e ideas y que nos engañamos y nos dejamos engañar. Por lo general es indicio de una desilusión, y debe entenderse como urgente advertencia frente a imágenes engañosas. Pero esta carta también tiene un aspecto favorable: promete ayuda inesperada si estamos dispuestos a desligarnos de nuestras múltiples esperanzas y deseos y a concentrarnos en un único proyecto realista.

En el terreno profesional, esta carta indica que construimos castillos en el aire, que perseguimos quimeras, y que, si no empezamos a llamar a las cosas por su nombre, a rebajar nuestras expectativas y a limitarnos a lo factible, entraremos en una fase peligrosa de calenturienta ilusión y seductibilidad poco crítica. Expresa negocios ficticios y metas engañosas; y en muchos casos es una advertencia frente a sucias maquinaciones y comportamientos desleales. Paralelamente puede indicar carácter chapucero y soñador en el puesto de trabajo, reconviniendo a una mayor sobriedad y un mayor carácter sistemático.

En el ámbito de nuestra conciencia, esta carta es un indicio de épocas de ensoñación y de que vemos el mundo de color de rosa. Si tomamos conciencia de esta apariencia engañosa, una época semejante conlleva vivencias embriagantes que no van acompañadas de malos despertares. Sin embargo, si nos dejamos seducir por la apariencia y las tomamos como algo real, no habrá quien nos libre del amargo desengaño. En su aspecto más fatal, el Siete de Copas indica huida del mundo, el salto incontrolado a lo irracional, el abandono de viejas estructuras conocidas y el subsiguiente desvarío de la recreación poética de la realidad en forma de agradables imágenes soñadas que después reventarán como pompas de jabón.

En el terreno de nuestras relaciones personales, esta carta puede indicar la fiebre del enamoramiento, pero advierte de la dureza del despertar que nos devuelve a la realidad. No dice que la relación que caracteriza tenga pies de barro, pero sí que tenemos expectativas demasiado elevadas, que, sin duda alguna, nos producirán decepciones. Es una exhortación para que no adormilemos nuestra despierta razón, sino para que contemplemos la relación con sano escepticismo.

Posición 2

Se ha dejado engañar por espejismos; ha sido víctima de falsas promesas, mentiras o expectativas decepcionadas. Ha sido demasiado poco crítico, o quería percibir la realidad aunque fuera de forma borrosa. Si ahora explotan las pompas de jabón, es el momento de sacar una idea realista de todos sus deseos y expectativas y concentrarse en ella. Para su realización encontrará apoyos inesperados.

Posición 7

Arriésguese a una visión atrevida. Déjese inspirar por las imágenes de su fantasía y sus sueños, sin convertirse en víctima de sus artes de encantamiento. Decídase por una de esas imágenes para trasplantarla a la realidad con absoluta tenacidad. Para ello podrá contar con la ayuda espontánea de otros.

Posición 3

Se ha postrado ante sus sueños y exaltaciones, se ha dejado trastornar y deslumbrar por engaños. Probablemente tienda a ver todo de color de rosa y ya se ha convertido en víctima de las apariencias. Despierte antes de que se pierda más profundamente en el laberinto de sus ilusiones.

Posición 6

Puede saborear durante algún tiempo las fascinantes imágenes de sus sueños y permanecer en las nubes. Entréguese a sus anhelos, viaje con la fantasía a la isla de los bienaventurados. Nútrase de la fuerza de estas imágenes. Tendrá una idea que deberá realizar. Pero concéntrese realmente sólo en esa idea. Encontrará buena acogida.

Posición 4

Ante los demás ha dado la imagen de ser un visionario y de haberse extraviado en la maraña de tejidas esperanzas y nebulosos sueños. Probablemente se ha dejado engañar o seducir, y ahora es víctima de su credulidad. O usted mismo ha tenido la actitud dudosa del hombre fascinador o el hipócrita.

Posición 5

Muestre su fantasía, su ebrio sentido de lo maravilloso. Cree una atmósfera encantada de cuento de hadas, en la que usted mismo aparezca como Circe o Merlín. Pero no se convierta en víctima de este espejismo.

Ocho de Copas

Correspondencia astrológica

Saturno/Luna como pesarosa y
doliente despedida

Imagen mitológica

Lot abandonando su patria en
Sodoma

Correspondencia del I Ching

56 Lü / El Caminante

El Ocho de Copas es una de las cuatro cartas del Tarot que simbolizan partida, simbolizando en este caso la despedida dolorosa[30]. Indica que nos separamos de personas o cosas a las que estábamos muy ligados y que emprendemos camino hacia un futuro incierto. En ningún caso significa que somos expulsados[31], sino que partimos por propia iniciativa, si bien pudiera ser que no nos quedara otra elección. La especial importancia de esta carta radica en su doble aspecto de carga: tenemos que abandonar algo que significa mucho para nosotros, y no sabemos a dónde conduce nuestro camino.

En el terreno profesional, esta carta expresa sobre todo la despedida del puesto de trabajo. Puede tratarse de la despedida del mundo profesional, ya sea por motivo de la edad o por haber tomado la resolución de dedicarse enteramente a la familia, o de la pérdida de nuestra actual actividad a consecuencia de reducciones de plantilla o procesos similares. Aquí a la separación de lo conocido se une la sensación de incertidumbre sobre lo que sucederá mañana. Pero esta carta también puede simbolizar generosos cambios: la pérdida de ámbitos de trabajo concretos, o la dolorosa intuición de tener que despedirse de determinados proyectos, planes o expectativas. Entonces también significa que estamos casi desconcertados, que no sabemos qué dirección debemos tomar ni cómo será ese sendero.

En el ámbito de nuestra conciencia, esta carta simboliza una fase de profundo reconocimiento, en la que nos damos cuenta de que tenemos que abandonar preferencias, actitudes vitales o partes de nuestras concepciones más arraigadas. Simboliza la vivencia de hacerse viejo, y expresa nuestra experiencia del gran desasimiento que enseña la filosofía zen. Precisamente la difícil práctica de la no adherencia lleva directamente a las cosas y los comportamientos que significan mucho para nosotros, cuyo abandono frecuentemente está asociado al sentimiento de miedo y de estar encerrado. Éstos son los difíciles pasos en el camino hacia la nueva libertad.

En nuestras relaciones personales, el Ocho de Copas indica la despedida de una persona o de compañeros que habían significado mucho en nuestra vida anterior. Significa la bifurcación en la que nuestros caminos se separan, y nos exige decir adiós con agradecimiento, cortar nuestro cordón umbilical para proseguir nuestra propia senda. A un nivel más profundo, esta carta puede significar la despedida de nuestros sueños de encontrar pareja, la intuición de que no existe el príncipe azul o la mujer de nuestros sueños tal como lo habíamos imaginado, de que tenemos que familiarizarnos con una realidad que aparentemente nos oculta cómo podemos conseguir esas figuras soñadas.

Posición 2

Se encuentra en un importante proceso de desasimiento, y hasta ahora sólo puede darse cuenta de lo que ya ha dejado. El camino que sigue hacia el futuro le parece todavía demasiado incierto. La carta de la posición 1 le indica qué es lo siguiente que puede esperar, y la de la posición 7, cómo debe prepararse a ello.

Posición 7

Reconozca que tiene que recorrer su propio camino, aun cuando lo que deja atrás haya significado mucho para usted. Abandone su anterior punto de vista, sin sustituirlo inmediatamente por otro nuevo. Todavía tendrá que vivir algo en la incertidumbre antes de que su voz interior le conduzca a nuevos horizontes.

Posición 3

Siente el dolor de la despedida y se encuentra en un camino desconocido del que no sabe a dónde lleva. No se deje desanimar; continúe avanzando aunque le tiemblen las rodillas. Pronto notará cómo sus pasos son cada vez más firmes. La carta de la posición 1 le indica qué es lo próximo a lo que llegará, y la de la posición 6, lo que puede sentir en ello.

Posición 6

Dispóngase internamente a decir adiós, a separarse de lo que ha significado mucho para usted. Aprenda a ser independiente, a andar por su propio pie, y a desprenderse interiormente, para ser así realmente libre.

Posición 4

Se ha separado y se ha puesto en camino solo. Se ve que se ha marchado con el corazón en un puño y que ha dejado atrás algo valioso. La carta de la posición 3 indica cuánto depende usted todavía de ello, y la carta de la posición 1 puede decirle si su partida fue acertada.

Posición 5

Deje atrás lo que todavía le ata, aunque lo lleve muy dentro del alma. Conciénciese, sin dejar lugar al malentendido, de que está recorriendo su propio e individual camino. No se moleste en ocultar lo difícil que le resulta este paso, todo lo que le duele. No necesita hacerse pasar por el héroe intrépido que no conoce el miedo.

Nueve de Copas

Correspondencia astrológica

Luna en Tauro significando disfrute
y sociabilidad

Imagen mitológica

La Tabla Redonda del rey Arturo

Correspondencia del I Ching

—

El Nueve de Copas simboliza una época que
saboreamos profundamente, de la que disfrutamos con todas nuestras fuerzas. Es cierto que
estas ganas de vivir pueden desmadrarse ocasionalmente, derivando en codicia la avaricia de
vivir, pero básicamente esta carta nos muestra
su lado agradable y despreocupado: alegría de
vivir, despreocupación, sociabilidad y «diversión en la alegría».

En el terreno profesional se indica una fase
en la que el trabajo nos divierte y nos sale con
facilidad. El carácter sociable y el espíritu de
equipo se hallan en primer plano. La ligereza y
el buen humor hacen olvidar las disonancias y
discrepancias del pasado. No obstante, si se
pierde la mesura, la carta muestra fenómenos
secundarios desagradables, como pueden ser
los hermanamientos o la pereza redomada, que
hacen que se resienta el resultado de todo el
grupo.

En el ámbito de nuestra conciencia, el
Nueve de Copas simboliza una época de contemplación gozosa del mundo. El hedonista,
cuyo principio de vida es la obtención del
máximo placer posible, o el epicúreo, el hombre dado al goce sensorial, son deformaciones
extremas de esta imagen del mundo. En su
aspecto moderado, esta carta indica humor y
una época de trivial alegría existencial en la que
dirigimos nuestra mirada a las cosas bellas de la
vida, disfrutamos de ella y vivimos el instante
sin preocupaciones.

En nuestras relaciones personales, esta
carta apunta una época feliz de alegre disfrute.
Las fantasías que únicamente se vivían en perio-
dos de vacaciones o que se asociaban al sueño
de la isla solitaria, se viven ahora como una realidad diaria. En este terreno, la carta también
advierte de las exageraciones que pueden convertir la experiencia serena en manía por la búsqueda del placer y en vida disipada.

Posición 2

Ha contemplado el asunto desde un punto de vista orientado hacia el placer y le gustaría pasárselo bien. Su actitud básica positiva y su alegría son una ayuda. Sin embargo, puede que la carta de la posición 7 le indique que debería actuar con un poco más de autodisciplina y pragmatismo.

Posición 7

Reconozca el gran estímulo que el asunto tiene para usted. Considere este asunto con mucho humor. Prepárese a recibir una época de agradable placer. Le hará bien y le ayudará a continuar.

Posición 3

Se ha divertido y ha disfrutado de su situación. Si esta afirmación le parece absurda, hay que aplicarle el significado secundario de la carta, que por desgracia afirma que hasta ahora ha sido demasiado vago y haragán para cambiar nada.

Posición 6

Tiene ante sí una buena época para alegrarse de todo corazón. Entre en esta bella fase haciendo lo que tanto tiempo ha deseado pero todavía no ha realizado. Relájese y goce de esta época a grandes sorbos.

Posición 4

Se ha revelado como una persona sociable y que le gusta el deleite, y ha desplegado su buen humor. Ha demostrado que le va bien, y ha dado una apariencia placentera y satisfecha de sí mismo. ¿No ha sido algo cómodo y ha dado a los demás la apariencia de ser un vividor?

Posición 5

Muestre su lado jovial y sociable. Muestre que tiene sentido del humor y que puede reírse de sí mismo. No se deje afligir y diviértase placenteramente. Invite a los amigos, salga con gente a comer, regálese a sí mismo y a los demás algo: regale alegría.

Diez de Copas

Correspondencia astrológica

Júpiter/Luna como expresión de
recogimiento y dichosa cercanía

Imagen mitológica

La boda de Cadmo y Harmonía en
la isla de los misterios, Samotracia,
adonde acudieron los Dioses,
abandonando el Olimpo, para
entregar a la pareja sus regalos de
boda

Correspondencia del I Ching

37 Chia Jen / La Estirpe

Esta carta es la máxima expresión de una compenetración armónica y un profundo y dichoso amor. Indica que nos sentimos seguros y amparados, que nuestros sentimientos son sinceros y que no sucumbimos a engaños ni ilusiones. Simboliza un estado de ánimo afable, contactos guiados por la buena vecindad, amor y alegría en el trato con nuestros semejantes, profunda dicha y agradecimiento dentro de la relación en pareja o la familia.

En el terreno profesional apunta una buena conducta con los compañeros, un equipo armónico. Indica trato amistoso y amigable con superiores, compañeros de trabajo o de estudio y educadores. Esta carta indica tanto el establecimiento de nuevas e interesantes relaciones de negocio como otros contactos agradables que resultan importantes para la vida profesional.

En el ámbito de nuestra conciencia, el Diez de Copas significa que un ánimo pacífico y congratulante nos proporciona impulsos benefactores que disipan los pensamientos desmoralizadores, destructivos o molestos. En su lugar retornan la paz y la serenidad interiores. A un nivel profundo puede ser expresión de un amplio altruismo.

En el terreno de nuestras relaciones personales, esta carta indica alivio y la sensación de estar «por encima». Esto nos habla de una época en la que las dificultades del pasado se disipan, las crisis amainan, los obstáculos se superan, y retornan la alegría, el agradecimiento y la satisfacción. En la vida de relación son inminentes las mejores horas, en las que se pueden vivir el amor, la confianza y la riqueza de sentimientos. A menudo anuncia una nueva y duradera amistad, y, con bastante frecuencia, planes de boda.

Posición 2

Su criterio anterior ha estado caracterizado por una intensa armonía y un espíritu pacífico. Sabe valorar los lados positivos de su situación y se las da de despreocupado. Si tiene motivos para revisar esta actitud tan deseable, debería preguntarse si este deseo suyo de armonía no ha conducido tal vez a una disposición excesiva al compromiso.

Posición 7

La situación frente a la que se encuentra no ofrece peligro. Concentre toda su conciencia en una experiencia alegre, placentera. Las personas que son importantes en relación con el tema consultado serán simpáticas con usted e irán a su encuentro con los brazos abiertos. Encontrará los contactos que necesita para ser bienvenido.

Posición 3

Su vida sentimental está caracterizada por el agradecimiento y la profunda compenetración. Está interiormente libre de preocupaciones y se siente seguro en la benefactora seguridad de la compañía de personas que le son queridas y apreciadas. Quizá entra ahora en una fase en la que debe someter a prueba «fuera» las fuerzas que había podido reunir.

Posición 6

Ábrase a sus semejantes, a sus amigos, a sus compañeros de vida. Disfrute sin preocupaciones el gratificante sentimiento de la unidad y la seguridad. Deje crecer sus cálidos sentimientos de simpatía y de compenetración. Supere la timidez y las inhibiciones: no le acecha ningún peligro. Tenga fe en los semejantes con los que se encuentre.

Posición 4

Se ha mostrado muy gentil, equilibrado y reconciliado consigo mismo. Si esta apariencia externa se corresponde con su actitud interna, no tiene motivo para cambiar nada.

Posición 5

Dé una apariencia despreocupada. Muéstrese pacífico, gentil y, cuando sea necesario, también dispuesto al compromiso. Ábrase a sus semejantes aunque acaben de entrar en su vida. No se limite: la armonía y el agradecimiento le llevan a la meta.

Sota de Copas

Correspondencia astrológica

Venus en la primera casa como
impulso reconciliador, o en la
quinta casa como placer lúdico

SOTA de COPAS

Imagen mitológica

El generoso gesto reconciliador de
Esaú, por el que perdonó a Jacob el
engaño con el que le había hurtado
la bendición de Isaac

Correspondencia del I Ching

57 Sun / Lo Suave, Lo Penetrante

Al igual que las restantes Sotas, la Sota de
Copas indica un impulso, una ocasión, una
oportunidad. En este caso no es ni una invitación ni una empresa placentera o un gesto de
amor o reconciliación. Este impulso siempre
procede de los demás, está dirigido a nuestros
sentimientos y lo recibimos con agradecimiento
y satisfacción. Esta carta muestra la oferta de
paz después de fases de disputa y discordia;
expresa la compasión que se nos dispensa en
épocas de dolor, y también un roce cariñoso,
una situación en la que caemos enamorados.
Por lo general, este impulso es bueno y honrado, y sólo debería contemplarse con escepticismo en los casos en que la mayoría de las cartas
restantes sean dudosas.

En el terreno profesional, la Sota de Copas
indica que tenemos ante nosotros una experiencia que nos beneficia, nos agrada o incluso
nos adula. Puede ser alabanzas y reconocimiento, un cumplido bien merecido o la gratificante
noticia de que nuestra profesión experimenta
una agradable mejoría. Con frecuencia, esta
carta indica invitaciones de carácter social en el
círculo de compañeros, o puede expresar una
mayor familiaridad, por ejemplo, cuando los
compañeros más antiguos ofrecen a los más
nuevos que les tuteen. También simboliza el
consejo bienintencionado y la ayuda prestada
amistosamente para superar nuestras tareas.

En el ámbito de nuestra conciencia, la Sota
de Copas significa que recibimos impulsos
amistosos y bienintencionados que en nuestra
situación resultan benefactores y provechosos.
Paralelamente puede tratarse de consuelo y
aliento en épocas penosas, de comprensión
para nuestras inquietudes y necesidades, de
gestos espontáneos que nos calan profundamente y que desencadenan en nosotros un pro-

ceso de evolución importante. Remitiéndonos
al sentido que tiene el elemento Agua simboli-
zado por el palo de Copas, puede tratarse también de un sabio consejo o de una mediación.

En nuestras relaciones personales, la Sota
de Copas indica sobre todo el gesto amigable,
comprensivo y reconciliador de nuestra pareja.
Por eso significa la agradable y cálida brisa que
sigue a las fases de disputa y frialdad, o el gesto
espontáneo del afecto. Al nivel de los acontecimientos, esta carta simboliza también una proposición de matrimonio.

Posición 2

En su proyecto cuenta con el apoyo, la comprensión y el afecto amistoso de los demás, o puede ver que la gente le ayuda y que tiene buenas intenciones hacia usted. Sólo debería ser precavido y crítico si en las posiciones 1 o 7 aparece una carta del palo de Espadas, El Diablo (XV) o La Luna (XVIII). En todos los demás casos puede aceptar confiadamente la ayuda que se le ofrece.

Posición 7

Esté abierto a los impulsos y estímulos de los demás, a un consejo bienintencionado o un gesto reconciliador. Ahí encontrará la clave para su conducta futura. Aun cuando este gesto le parezca algo torpe o sentimental, no debería reírse de él.

Posición 3

Ha estado abierto a proposiciones y donaciones espontáneas, o tal vez ha estado esperando un signo de reconciliación. Si no ha sucedido nada parecido, probablemente sea usted el que tenga que dar el primer paso. Revise a este respecto lo que afirma la carta de la posición 5.

Posición 6

Afronte con buen humor su proyecto: será bienvenido, le recibirán con comprensión y simpatía. Cuando haya disputas o enfados, encontrará reconciliación y perdón. Ábrase a un gesto amigable bienintencionado. No tenga malicia, a no ser que en la posición 1 aparezca una carta sospechosa.

Posición 4

Ha dado la impresión de que, sin el apoyo, la ayuda y el afecto amistoso de los demás, no sale adelante, o de estar esperando un impulso comprensivo, reconciliador, o un gesto amistoso. Compruebe si la carta de la posición 5 le dice cómo puede alcanzar este objetivo, o si lo que tiene que hacer es continuar con sus propias fuerzas.

Posición 5

Demuestre que necesita el afecto, la comprensión y el calor. Trate de no hacerse pasar por el despreciado lobo solitario que tiene que hacer todo solo. Muestre su disposición a aceptar ayuda y sea agradecido por cualquier intento de aproximación.

Caballo de Copas

Imagen mitológica

Céfiro, el suave y a veces celoso Viento del Oeste que recogió a Psique para llevarla al castillo de Amor

Correspondencia del I Ching

11 T'ai / La Paz

Correspondencia astrológica

Venus/Luna como expresión de intimidad y buen humor

El Caballo de Copas simboliza un ambiente cariñoso y pacífico, el buen humor y la sabiduría de la sonrisa. Caracteriza horas contemplativas, compenetración armónica, ensoñaciones románticas y el estado de ánimo que tenemos cuando nos enamoramos. Esta carta expresa la reconciliación y la paz donde antes reinaban los conflictos o la discordia. Paralelamente simboliza ratos de ocio distendidos, momentos en los que nos aferramos a las fantasías y disfrutamos de la belleza de la vida, del arte y especialmente de la música.

En el terreno profesional, esta carta significa un buen ambiente de trabajo, una atmósfera tranquila y distendida en la que realizamos nuestras labores de buen humor y casi con ánimo lúdico. En reorientaciones profesionales, el Caballo de Copas indica que pasa a un primer plano nuestro interés por las musas. Sólo con las restantes cartas de la tirada podemos enjuiciar si nos decidimos realmente a dar ese paso. El Caballo de Copas caracteriza sobre todo la forma en que trabajamos, diciendo poco sobre el contenido de nuestro trabajo.

En el ámbito de nuestra conciencia, esta carta significa que seguimos nuestros sentimientos y que tenemos una visión ensoñadora del mundo. Indica que, debido a vivencias gratificantes, tendemos a una actitud exaltada y vemos el mundo de color de rosa. Puede significar que abrimos nuestra conciencia al mundo de las imágenes, que nos ocupamos de los cuentos, los mitos y los sueños. En todos los casos se permanece en la superficie; a las profundidades sólo nos conducen La Suma Sacerdotisa (II) o La Luna (XVIII).

En el terreno de nuestras relaciones personales es donde el Caballo de Copas adquiere su máximo significado. Simboliza una época feliz y enamorada, suave acomodación y la despreocupada primavera de una relación. Es también la carta de la reconciliación y expresa una profunda comprensión mutua que apenas necesita palabras.

Posición 2

Ha considerado el asunto con tranquilidad y de forma pacífica. Está de buen humor y con buenas intenciones hacia los demás. Compruebe si la carta de la posición 7 le aconseja continuar así, o si le dice que afronte su proyecto con un poco más de compromiso, con más claridad o con más disposición al conflicto.

Posición 7

Tome su asunto con sosiego y contémplelo con cariño. Por esta vez, no ponga en juego su entendimiento crítico y vea las cosas desde su lado sereno y romántico. Olvídese de las preocupaciones: no corre peligro.

Posición 3

Se siente afectado interiormente y aguarda con cariño y buen humor que se cumpla su proyecto. Si la carta de la posición 1 no contiene ninguna advertencia, no tiene usted nada que temer.

Posición 6

Sea dulce y reconciliador, ábrase a la alegría y al amor. Si, en vista de su situación, no se siente muy dispuesto a ello, dedíquese al viejo arte japonés denominado «Bushido», la sabiduría de sonreír siempre y de demostrar perennemente que todo es dicha, y que toda existencia infeliz está basada en la equivocación y el error.

Posición 4

Da sensación de tener buen humor. Si esta apariencia se corresponde con su actitud interna (posiciones 2 y 3), no debería modificar nada. Pero, si lo único que hace es poner cara amistosa, sería mejor que mostrara realmente su estado interior de ánimo. La carta de la posición 5 puede estimularle a ello.

Posición 5

Sea pacífico y reconciliador, cree una atmósfera agradable. Muestre sus sentimientos, sus afectos, su simpatía, su enamoramiento. Y, si alguien va a su encuentro sin sonreír, regálele su sonrisa.

Reina de Copas*

Correspondencia astrológica

Luna en Piscis como expresión de tacto y delicadeza, predisposición a ayudar e interceder

REINA de COPAS

Imagen mitológica

Las profetisas Casandra, Pitia y Sibila, o la oscura Señora del Mar en los mitos medievales

Correspondencia del I Ching

—

La Reina de Copas encarna el lado femenino del elemento Agua, simbolizando delicadeza y tacto, intuición y comprensión, intercesión y abnegación. Es expresión de poderes auxiliadores y curativos, así como de introspección. Como tal, es la soberana de nuestros poderes espirituales inconscientes, nuestra hada buena y nuestra maga, la intérprete clarividente de nuestros sueños y la vidente que penetra las tinieblas. Se la describe como la Oscura, la Misteriosa, porque las fuentes de su sabiduría fluyen ocultamente y se hurtan a la aprehensión de la razón científica.

En el terreno profesional, esta carta significa que nos encontramos en una fase tranquila y expectante en la que escuchamos atentamente nuestro interior para ver con claridad nuestros deseos y planes profesionales. O bien expresa que hacemos de nuestro carácter intercesor nuestra profesión; esto puede aludir a todo lo que denominamos medios: cine, televisión, radio, libros, prensa, el esoterismo y el ocultismo, o el mundo de las artes (en especial la música).

En el ámbito de nuestra conciencia, la Reina de Copas indica que nos abrimos a las imágenes del inconsciente, que seguimos nuestros deseos y anhelos, pero también nuestras pesadillas y miedos. Puede ser fuente de constante inspiración que beneficia sobre todo a nuestra creación artística. A un nivel profundo, esta carta puede ser un indicio de que nos acercamos al camino de la integración de nuestro lado oscuro, como lo describe C. G. Jung en su libro *Traumsymbole des Individuationsprozesses* [32].

En el terreno de nuestras relaciones personales, esta carta simboliza una época misteriosa de delicada y amorosa cercanía, de acomodaticia capacidad de entrega y de entrelazamiento mutuo. Paralelamente puede expresar la profundidad de nuestros anhelos y una fuerte necesidad de contacto.

---

* Respecto a las peculiaridades de las figuras, ver pág. 17.

Posición 2

Ha contemplado el asunto con tranquilidad, manteniéndose expectante, y se ha dejado llevar predominantemente por sus sentimientos. Quizá haya sido un poco víctima de ensoñaciones y se haya dejado tomar la espalda. Plantéese lo sincero que ha sido consigo mismo.

Posición 7

Considere el asunto con indulgencia y comprensión. Ármese de paciencia y escuche atentamente su voz interior. En su interior más profundo sabe exactamente lo que debe hacer y a lo que aspira. No se deje extraviar.

Posición 3

Ha demostrado una fina intuición para su situación. Ha sido bondadoso y deferente, pecando quizá un poco de sensible. O se ha dejado influenciar demasiado por los demás. Tenga cuidado de que no le involucren en intrigas.

Posición 6

Deje sitio a su sensibilidad y a su intuición. Escuche la voz clarividente de su interior. Preste atención a los mensajes de sus sueños. Aunque pueda parecerle algo enigmático, usted ya sabe en lo más profundo de su ser todo lo que tiene que saber. Déjese envolver por la música. Le ayudará a revelar el misterio.

Posición 4

Ha tenido una actitud retraída, precavida y tímida. Tal vez hacia los demás haya dado la impresión de ser débil, inseguro, medroso, enigmático o notoriamente retraído. En el peor de los casos le tomarán por un maquinador de intrigas.

Posición 5

Muestre su sensibilidad, su necesidad de relaciones, su disposición a la entrega. Exprese su compasión, su comprensión y su disposición a ayudar, pero también su misterioso carácter mediador. Si es usted tímido, no debería disimularlo, pero tampoco dejarse desviar de su proyecto.

173

Rey de Copas*

Correspondencia astrológica

Sol en Piscis como expresión de carácter mediador, saber intuitivo y abnegación

Imagen mitológica

El «Viejo del Mar» conocido por múltiples nombres: el dios de la sabiduría Nerseo, Proteo o Forcis, que con continuas mutaciones trata de sustraerse a su figura corpórea, pero a quien debe profetizarle el futuro quien le atrape

Correspondencia del I Ching

—

El Rey de Copas encarna el lado masculino del elemento Agua, nuestra búsqueda de la experiencia trascendente, de redención y de unificación mística con la razón primigenia, los númenes o cualquier otra expresión con que el lenguaje trata de circunscribir lo innominable. Tiene el conocimiento de que esta región permanece siempre cerrada al acceso intelectual y sólo puede ser transitada por quien se abra a la visión intuitiva y esté dispuesto a encontrarse y dejarse hablar. Además, el Rey de Copas simboliza la voluntad de dejar sitio a nuestros sentimientos y a nuestras capacidades mediadoras, dando forma (en la música, la poesía u otras artes) a las vibraciones que experimentamos; y también simboliza el arte de la curación. Pero, cuando estas fuerzas se ponen en juego con espíritu de aficionado o irreflexivamente, aparece la caricatura personificada en el ignorante, el loco misántropo y la persona insincera y de escasísima fiabilidad: debido a que carece de capacidad de marcar su terreno, se convierte en guiñapo de los poderes que intervienen en algunos lazos e intrigas malignos.

En el terreno profesional, el Rey de Copas indica que estamos en una fase en la que queremos dejar que se manifiesten nuestras fuerzas espirituales. Intentamos con energía vivir intensamente los sentimientos en nuestro trabajo, saltando barreras y dejando que las ideas y deseos fluyan espontáneamente en nuestra actividad; también enfrentando nuestras tareas con muchas ganas. Esta carta puede indicar también que nos encontramos ante una elección o un reinicio profesionales que nos conducen a tareas en las que podremos desplegar mejor nuestra capacidad mediadora. Se trata sobre todo de profesiones musicales, terapéuticas o sociales.

En el ámbito de nuestra conciencia, el Rey de Copas significa que nos dirigimos conscientemente hacia nuestra vida interior, experimentando y desplegando los poderes del inconsciente. Esta carta indica el descubrimiento y el refinamiento de nuestro talento mediador, simbolizando también un intenso conflicto con esferas espirituales, tal vez ocultas. Puede ser un indicativo de que nos abrimos al mundo de imágenes del alma, dedicándonos a nuestros propios sueños o a los mitos, las quimeras del inconsciente colectivo.

En el terreno de nuestras relaciones personales, esta carta simboliza una época que subraya los sentimientos, en la que podemos sondear más profundamente en los deseos, los anhelos y los miedos de nuestra pareja y ser para ella un amigo comprensivo y dispuesto a ayudarla. Por ello, el Rey de Copas apunta con frecuencia a una época romántica en la que mostramos nuestros propios sentimientos y en la que estamos abiertos a profundas experiencias, incluso a fantasías sentimentales.

---

* Respecto a las peculiaridades de las figuras, ver pág. 17.

Posición 2

Hasta ahora se ha abandonado a su intuición y, en este asunto, ha mostrado abiertamente sus sentimientos. Ha contemplado la situación de forma reflexiva y considerablemente serena. ¿No fue acaso demasiado indulgente o influenciable?

Posición 7

En su asunto debería confiar plenamente en su sentimiento, en su sexto sentido, y no debería dejar que sus propias dudas u objeciones le irritasen. Esta vez deje de lado su razón crítica y trate de solucionar este asunto sólo como le indica la carta de la posición 6.

Posición 3

Ha puesto todo el alma en el asunto, intentando exteriorizar plenamente sus emociones o la inspiración de sus musas. Por lo demás, si también tiene una buena intuición, no le dejará en la estacada. A pesar de todo, debería comprobar que las demás cartas no le indiquen que es demasiado apasionado, sentimental o impresionable.

Posición 6

Siga la voz de su corazón. Muestre lo que le agita interiormente, sin importar que sean sentimientos de dolor o de alegría. Tiene una intuición fiable, un buen olfato para este asunto. Déjese guiar por ella.

Posición 4

Se ha mostrado comprensivo, bondadoso e indulgente. Ha dado impresión de ser flexible, sentimental, algo ensoñador y misántropo. Podría ser que a ojos de los demás haya parecido demasiado exaltado, demasiado influenciable, o incluso empalagoso y adulador.

Posición 5

Decídase por sus sentimientos. Muestre su corazón, su compasión y su activa abnegación, pero también su pasión y sus anhelos insaciados. Tenga buenas intenciones; sea condescendiente, comprensivo y perdone los errores de los demás. Si es posible, debería incluir en su proyecto sus dotes musicales.

Otros métodos de tirada

Siete métodos más de consulta

Con las cartas del Tarot pueden llevarse a cabo otros muchos métodos de tirada. En función de la orientación de la consulta, se pueden distinguir los cuatro grupos siguientes:

1. Métodos que describen la situación actual emitiendo un enunciado aclaratorio sobre nuestras experiencias actuales en las diferentes esferas de la vida. Por ejemplo: el Método del Círculo Astrológico, el Juego de las Relaciones y el Método de la Pareja.

2. Métodos que indican tendencias evolutivas, facilitándonos una mirada hacia el futuro. Por ejemplo: El Secreto de la Suma Sacerdotisa, La Cruz Celta, La Puerta y El Método de El Loco.

3. Métodos de autoexploración, que enuncian sobre nuestra propia persona y sobre nuestras posibilidades de crecimiento. Por ejemplo: El Descenso de Inanna a los Infiernos, El Método de Los Planetas y La Mancha Ciega.

4. Métodos que nos proponen cómo debemos comportarnos a tenor de una situación determinada. Por ejemplo: La Tirada en Cruz, El Juego de la Decisión y, naturalmente, el método de «El Camino», descrito aquí con todo detalle.

Con las explicaciones de las cartas contenidas en este libro también pueden comprenderse e interpretarse otros métodos, por lo que me complace presentarles algunos de ellos en las páginas siguientes. No obstante, algunos de estos métodos exigen una comprensión muy profunda de las cartas. Los describo exhaustivamente, con múltiples variaciones y una gran cantidad de ejemplos, en mi libro *Tarot-Spiele*.

Para la interpretación de los métodos que siguen a continuación, es aconsejable extraer primero del texto general de cada carta el enunciado adivinatorio de la misma, trasladarlo al tema consultado en cuestión, y enlazarlo después congruentemente con el significado de cada una de las posiciones. Seguro que al principio esta tarea será un tanto penosa, pero, a medida que aumente nuestra familiarización con las cartas, resultará más sencilla y tendrá mayor poder interpretativo.

La Tirada en Cruz

Este método nos hace igualmente proposiciones sobre cómo debemos comportarnos en determinadas situaciones o sobre qué resolución debemos tomar. Para ello, extraiga un total de cuatro cartas y extiéndalas como indica la figura.

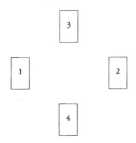

El significado de cada una de las posiciones es el siguiente:

1 = De esto se trata.
2 = Este camino nos atrae, pero debe evitarse.
3 = Este camino es correcto.
4 = Conduce hacia allí.

O:

1 = Su tema.
2 = Esto le desafía.
3 = Así reacciona usted o así debe reaccionar.
4 = Esto sucede.

La Mancha Ciega

El siguiente juego lo he extraído del esquema que en Psicología se conoce como el esquema Johari-Fenster[33]. Nos da información sobre las diferencias que existen entre nuestra autopercepción y la forma en que nos ven los demás. Para ello se extraen en total cuatro cartas y se extienden como indica la figura:

La interpretación de cada una de las posiciones es la siguiente:

1 = **Identidad única.** En el ámbito temático de esta carta, nosotros nos percibimos de la misma manera que nos ven los otros.

2 = **Lo gran desconocido.** Procesos inconscientes que son efectivos sin que sean conocidos por nosotros mismos ni por los demás.

3 = **La sombra, lo oculto.** Lados esenciales que, siéndonos conocidos, ocultamos a los ojos de los demás.

4 = **La mancha ciega.** Comportamientos que los demás perciben en nosotros sin que nosotros mismos podamos reconocerlos.

Para comprender mejor los significados individuales, he aquí este esquema gráfico:

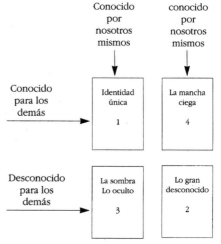

La Tirada en Pareja

Otro método de consulta que resulta idóneo para no entendidos en la materia es la Tirada en Pareja, en la que sólo intervienen las veintidós cartas de los Arcanos Mayores. Da información sobre el estado de una relación. Dado que la consulta se realiza conjuntamente con la pareja, además de enunciar cómo se ve la relación desde el punto de vista de cada uno de los miembros de la pareja, a menudo produce además el efecto de dar pie a una valiosa conversación.

Con el mazo de cartas extendido boca abajo en forma de abanico sobre la mesa, cada uno de los miembros de la pareja extrae tres cartas consecutivamente, pero ambos a la vez, y se las presenta a su pareja en el mismo orden en que las ha extraído, diciendo:

1. Así te veo.
2. Así me veo.
3. Así veo nuestra relación.

Las cartas se extienden como indica el gráfico:

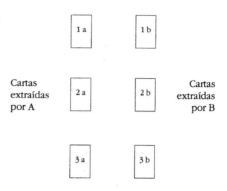

Y sus significados son éstos:

1a = Así ve A a B
1b = Así ve B a A
2a = Así se ve A a sí mismo
2b = Así se ve B a sí mismo
3a = Así ve A la relación
3b = Así ve B la relación

Si desea aplicar los textos interpretativos de este libro a la Tirada en Pareja, consulte la carta correspondiente e interprete las posiciones 1a, 1b, 2a y 2b de la tirada según los enunciados conjuntos de las posiciones 4 y 5 de la carta correspondiente. Para las cartas que en la tirada ocupen las posiciones 3a y 3b, tome el último apartado de la carta correspondiente, que se encuentra en la página izquierda del libro (En nuestras relaciones personales...).

Esta tirada se puede consultar para cualquier tipo de relación, tanto familiar como amistosa, profesional, de pareja o matrimonial.

El Juego de Relación

Este juego muestra cómo se encuentran dos personas en una relación. A diferencia de la tirada en pareja, este juego lo realiza únicamente el consultante. Para ello, con la baraja boca abajo, se extraen siete cartas que se extienden sobre la mesa consecutivamente como indica la figura:

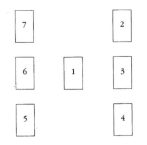

Interpretación

1 = El significador indica la situación en que se encuentra la relación, el tema que rige la relación. La interpretación puede obtenerla del último bloque de texto de la página izquierda del libro de la carta correspondiente.

La **columna izquierda (7, 6, 5)** simboliza a el/la consultante; la **columna derecha (2, 3, 4)** simboliza al otro miembro de la pareja.

7 + 2 = Estas dos cartas de la línea superior representan el nivel consciente en el que se encuentran los miembros de la pareja. Es lo que piensa cada uno de ellos, lo que cada uno tiene en mente y la forma en que cada uno valora conscientemente la relación. Para interpretarlas, le servirán de ayuda los textos correspondientes a las posiciones 2 y 7 de la parte interpretativa de la carta correspondiente, que deberá enlazar para lograr un enunciado conjunto.

6 + 3 = Las dos cartas de la línea central simbolizan el ámbito espiritual de la relación y significan lo que cada uno de ellos siente, percibe sensorialmente, añora o teme. Para interpretarlas, puede echar mano de los enunciados conjuntos de las posiciones 3 y 6 que se encuentran en la parte interpretativa de este libro.

5 + 4 = Estas cartas de la línea inferior simbolizan la conducta, la actitud mostrada al exterior, lo que cada uno de ellos exhibe al exterior independientemente de los pensamientos subyacentes (nivel superior 7 + 2) y sensaciones (nivel medio 6 + 3). Pueden dar interesantes pistas sobre lo que puede ocultarse tras la fachada que se muestra al exterior.

En esta tirada, las *figuras* deben interpretarse comprendiéndolas de forma distinta a como se describe en la parte principal del libro:

En este caso, **los reyes y reinas** significan siempre hombres y mujeres.

Si en una de las dos columnas (7, 6, 5 o 2, 3, 4) se encuentra una carta *del sexo contrario,* indica que la persona consultante tiene relación con otra persona en el ámbito que corresponda. Una carta *del mismo sexo* en una de las columnas tiene una interpretación menos clara, pero eventualmente puede expresar la preocupación de que la pareja podría interesarse por una tercera persona con esos rasgos característicos. Al menos así es probable que suceda cuando la carta se encuentre en los niveles superior o medio de la tirada. Por contra, en el tercer nivel de la tirada evidencia la impresión externa que da el miembro en cuestión de la pareja. Lo mismo puede ocurrir cuando figuras del mismo sexo se encuentren en los niveles superior y medio de la tirada. Un rey o una reina en posición de *significadores* (posición 1) significa que la persona en cuestión ha entrado abiertamente en la relación, o bien no significa absolutamente nada (y no tengo ninguna explicación que lo justifique).

Por regla general, **los caballos** indican estado de ánimo, y por tanto se interpretan como en los demás métodos de consulta.

Las sotas simbolizan impulsos del exterior. Tampoco aquí hay una interpretación unívoca. Pueden indicar lo que uno quiere tener del otro (nivel superior), lo que anhela del otro (nivel medio) o lo que recibe del otro (nivel inferior). O bien pueden significar que fuera de la relación tiene abiertas las posibilidades correspondientes. Esto último puede aplicarse sobre todo cuando la sota aparece en el nivel inferior.

Situada en la posición 1 (significador), la sota significa que la relación recibe desde fuera un impulso de los que se corresponden con elementos asociados a la sota. Por lo general, se trata de una experiencia enriquecedora.

El Juego de Decisiones

El Juego de Decisiones no nos ahorra ninguna decisión, sino que aclara el trasfondo de situaciones en que es necesario tomar una decisión. Naturalmente, no puede responder con «sí» o «no». Más bien nos muestra las perspectivas que se encuentran asociadas con cada una de las alternativas. Si se encuentra usted ante la necesidad de tomar una decisión de carácter complejo, es aconsejable que divida primero la cuestión compleja en segmentos individuales y que aplique el Método de Decisiones a cada una de las alternativas por separado. La cuestión que debería plantear sería del tipo siguiente: «¿debo hacer "esto y aquello"?». Entonces las cartas le mostrarán qué es lo que pasará si hace «esto y aquello» y qué es lo que pasará si no hace «esto y aquello».

Una vez que haya formulado claramente la pregunta, extraiga consecutivamente del mazo, con las cartas boca abajo, un total de siete cartas que extenderá manteniendo el orden de extracción como indica la figura:

En este juego hay cinco cartas que tienen un significado clave. Son las cinco cartas siguientes:

1. Si aparece la carta del **Amor y la Decisión (VI),** es un indicativo de que ya se ha tomado esta decisión (inconscientemente) en favor del lado en el que se encuentra esta carta.

2. **La Rueda de la Fortuna (X)** indica que el consultante se encuentra tan limitado en su libertad de decisión, que el asunto ya ha ido evolucionando hacia el lado en el que se encuentra esta carta, aun cuando él hubiera preferido que fuera de forma diferente.

3. **El Mundo (XXI)** indica «el lugar que corresponde» al consultante. Dado que, estrictamente hablando, ése es su auténtico lugar, debería darse siempre prioridad a este lado. También deberían tenerse en cuenta otras cartas acompañantes negativas. Lo mismo cabe decir de:

4. **La Estrella (XVII),** donde se encuentra su futuro, y de

5. **El Juicio (XX),** que es donde puede encontrar su tesoro.

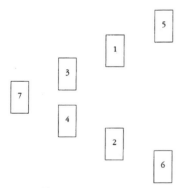

Interpretación:

7 Es el significador. Nos da una representación muy gráfica del fondo de la cuestión, del problema, o del modo en que el consultante se plantea la decisión.

3, 1, 5 Estas cartas en esta secuencia (3-1-5) muestran cronológicamente lo que sucede cuando usted hace X.

4, 2, 6 Estas cartas en esta secuencia (4-2-6) muestran cronológicamente qué sucede cuando usted no hace X.

La Cruz Celta

La Cruz Celta es el método de consultar las cartas más conocido y uno de los más antiguos. Es un método de tirada excelente ya que resulta adecuado para todo tipo de preguntas. Muestra tendencias evolutivas, sirve para aclarar el trasfondo de algo, para prever o predecir y para investigar las causas de las cosas. Si usted no está seguro de cuál es el sistema de tirada más adecuado para plantear una cuestión determinada, utilice la Cruz Celta. No obstante, para interpretar mediante este método, es necesario estar familiarizado con el conocimiento de las cartas, toda vez que en las posiciones que se han explicado en la parte principal de este libro no hay una asignación específica para las diez posiciones de esta tirada.

Una vez que haya formulado claramente la pregunta, extraiga diez cartas del mazo, sin verlas, y extiéndalas respetando el orden de extracción según indica la figura:

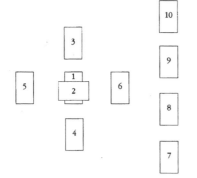

Pueden pronunciarse las siguientes palabras:

1 = Esto es.
2 = Esto lo cruza.
3 = Esto lo culmina.
4 = En esto se apoya.
5 = Esto era antes.
6 = Esto viene después.
7 = Éste es el consultante.
8 = Aquí tiene lugar.
9 = Éstas son las esperanzas y miedos.
10 = Hacia allí conduce.

O, de forma menos mágica:

1 = De esto se trata.
2 = Se añade esto.
3 = Esto se conoce.
4 = Esto se siente.
5 = Esto ha llevado allí.
6 = Así prosigue.
7 = Así lo ve el consultante.
8 = Así lo ven los otros, o ahí tiene lugar.
9 = Esto es lo que espera o teme el consultante.
10 = Hacia ahí conduce.

Las interpretaciones particulares son las siguientes:

1 = La situación de partida.
2 = El impulso añadido, que puede ser favorable u obstaculizador.

En estas dos cartas encontrará una respuesta sobre lo que es.

Las tres cartas siguientes le darán informaciones suplementarias.

3 = El nivel consciente. Qué es lo que tiene claro el consultante al tratar del tema, qué es lo que él reconoce y ve, y eventualmente qué es a lo que aspira conscientemente.

4 = El ámbito de lo inconsciente. Esta carta expresa el fundamento y frecuentemente se infravalora. Tiene una función sustentante y es, con mucho, más importante que el significado de la posición 3. Cartas estables situadas en esta posición indican que existe suficientemente fe, constancia y fuerza para superar incluso obstáculos difíciles. Por el contrario, cartas críticas (todas las cartas de Espadas con excepción del As, el Seis, el Rey y la Reina) indican un fundamento dudoso y débil, y merman el enunciado aun cuando todas las cartas restantes sean en general positivas.

5 = La carta que apunta al pasado indica el pasado reciente, y a menudo también las causas de la situación actual.

6 = La primera carta que apunta hacia el futuro da una perspectiva del futuro inmediato.

7 = Esta carta simboliza al consultante*, su postura respecto al tema (las cartas 1 y 2) y/o cómo le va en el tema en cuestión.

8 = El entorno. Aquí puede estar representado tanto el lugar de los acontecimientos como la influencia de otras personas sobre el tema.

9 = Esperanzas y miedos. Es frecuente también que se infravalore el significado de esta carta, pues no tiene carácter de pronóstico sobre lo que sucederá efectivamente. Pero, sobre todo, le dará valiosas informaciones cuando consulte e interprete las cartas para alguien que no conoce o cuando a usted no le hayan comunicado la pregunta. Aquí se reflejan las expectativas o los temores.

10 = La segunda de las cartas que apuntan al futuro da una perspectiva a largo plazo, e indica eventualmente el punto máximo al que conduce el tema consultado.

Por tanto, las únicas cartas con valor adivinatorio son las de las posiciones 6 y 10. Todas las demás cartas dan pistas adicionales aclaratorias sobre el entorno y el trasfondo de la cuestión consultada.

El nombre de este juego se retrotrae a una forma de tirar las cartas antigua, en la que sólo se extendían las cartas 1 a 6, y las cuatro cartas exteriores (de 3 a 6) se colocaban perpendicularmente a las dos cartas que formaban la cruz central. De esta forma se formaba la figura de la cruz celta, como puede verse en la figura.:

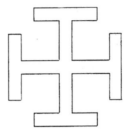

* Cuando se consultan las cartas para una persona que no se halla presente, primero hay que dejar claro si esta posición refleja la conducta de la persona que no está presente o la del consultante (presente). En caso de duda, indica la actitud del consultante.

185

El Secreto de la Suma Sacerdotisa

Como alternativa al método que acabamos de comentar de la Cruz Celta, he desarrollado el siguiente método de tirada inspirado en la imagen de la carta de La Suma Sacerdotisa. El incentivo de este juego radica en la última carta, que permanece oculta hasta el final y que incluso puede levantar un nuevo misterio.

Para esta tirada, coja la baraja, y, sin mirar las cartas, extraiga un total de nueve, colocándolas boca arriba como indica la figura, a excepción de la última, que permanecerá boca abajo. Basándose en la representación de La Suma Sacerdotisa, podrá reconocer cada uno de los símbolos fundamentales de la carta, que son los que se han seleccionado para este método de tirada.

Las cartas se interpretan de la forma siguiente:

1 + 2 La cruz de su pecho indica el tema de que se trata, en forma de dos impulsos fundamentales que pueden reforzarse o contrarrestarse mutuamente (Esto es. Esto lo cruza).

4 + 3 + 5, las cartas de las tres fases lunares de su corona, indican las fuerzas influyentes que actúan sobre el tema:

3 La luna llena simboliza la influencia principal actual.

4 El cuarto creciente es la fuerza que va aumentando su influencia.

5 El cuarto menguante es la fuerza que va perdiendo influencia.

Los dos pilares situados a los lados simbolizan:

6 Lo que está en la oscuridad. Es decir, lo que está y no es percibido conscientemente; pero que, sin embargo, puede anhelarse o temerse.

7 Lo que está en la luz. Es decir, lo que se reconoce claramente y por lo general se valora.

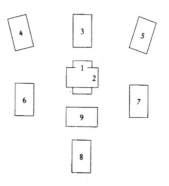

La carta lunar situada a sus pies indica:

8 Hacia dónde se dirige el viaje. Es decir, qué es lo siguiente que sucederá.

La novena carta, el libro del conocimiento oculto en su regazo, se coloca al principio boca abajo, dejándola oculta. Esta carta sólo puede verse después de que se hayan interpretado todas las restantes. Si es una carta de los Arcanos Mayores, La Suma Sacerdotisa desvela su secreto y la carta se descubre. Entonces esta carta nos dice algo sobre las motivaciones profundas, sobre el porqué y el para qué. Si es una carta de los Arcanos Menores, vuelve a darse la vuelta para dejarla oculta. En este caso, la Suma Sacerdotisa se ha guardado su secreto. Entonces la novena carta no tiene ningún significado; pero todas las demás mantienen su validez enunciativa.

Anexo

Observaciones

1. Hajo Banzhaf, *Das Tarot-Handbuch*, Munich, 1988 (Heinrich Hugendubel).
2. Ator o Athyr significa «Madre Noche» o «Casa de Horus» y encarna el caos inicial en la cosmogonía egipcia.
3. Dr. Oskar Adler, *Das Testament der Astrologie*, Tomo IV/2, pág. 12, manuscrito inédito.
4. Juntamente con El Sumo Sacerdote (V) y La Estrella (XVII).
5. Rider Haggard, *Sie*, Zurich, 1970 (Diógenes).
6. Gustav Meyrink, *Der Engel vom westlichen Fenster*, Munich, 1975 (Knaur).
7. C. G. Jung, *Heros und Mutterarchetyp*, Grundwerk, 8, Olten, 1985 (Walter), pág. 166.
8. Juntamente con La Suma Sacerdotisa (II) y La Estrella (XVII).
9. La sociedad que mantiene permanentemente abiertas un sinnúmero de posibilidades.
10. Erich Fromm, *Die Kunst des Liebens*, Francfort/Berlín, 1980 (Ullstein), pág. 14.
11. C. G. Jung, *Traumsymbole des Individuationsprozesses*, Grundwerk, Tomo 5, Olten, 1984 (Walter), págs. 174/175.
12. C. G. Jung, *Traumsymbole des Individuationsprozesses*, Grundwerk, Tomo 5, Olten, 1984 (Walter), pág. 12.
13. Jiddu Krishnamurti, *Einbruch in die Freiheit*, Francfort/Berlín, 1984 (Ullstein), págs. 67/68.
14. Richard Wilhelm y C. G. Jung, *Geheimnis der Goldenen Blüte*, Colonia, 1986 (Eugen Diederichs), pág. 53.
15. Jiddu Krishnamurti, *Einbruch in die Freiheit*, Francfort/Berlín, 1984 (Ullstein).
16. Juntamente con La Suma Sacerdotisa (II) y El Sumo Sacerdote (V).
17. Hajo Banzhaf, *Tarot-Spiele*, Munich, 1988 (Heinrich Hugendubel), pág. 162.
18. Ver Viktor Frankl, *Im Anfang war der Sinn*, Munich, 1986 (Piper).
19. Karlfried Graf Dürckheim, *Meditieren - wozu und wie*, Friburgo, 1976 (Herder), pág. 42 y siguientes.
20. Heinrich Zimmer, *Abenteuer und Fahrten der Seele*, Colonia, 1987 (Eugen Diederichs), pág. 97.
21. En algunos casos, El Carro (VII) y La Torre (XVI) indican también la pronta aparición de un suceso, y en el caso concreto de última carta, preferentemente como sorpresa desagradable.
22. Fritz Riemann, *Grundformen der Angst*, Munich, 1982 (Ernst Reinhardt), pág. 113.
23. Reverend Ike, *How to get your but(t) out of your way*, grabación en cinta magnetofónica. Nueva York.
24. Milan Kundera. *Die unerträgliche Leichtigkeit des Seins*, Munich, 1987 (Hanser).
25. Karlfried Graf Dürckheim, *Der Alltag als Übung*, Berna, 1984 (Hans Huber).
26. Iwan Aleksandrowitsch Gontscharow, *Oblomow*, Zurich, 1960 (Manesse).
27. Karlfried Graf Dürckheim, *Meditieren - wozu und wie*, Friburgo, 1976 (Herder), página 36.
28. Hajo Banzhaf, *Tarot-Spiele*, Munich, 1988 (Heinrich Hugendubel), pág. 266.
29. Philipp Metman, *Mythos und Schicksal*, Leipzig, 1936 (Deutsches Bibliographisches Institut), pág. 5.
30. Las otras dos cartas son: El Carro (VII), que indica la partida alegre, y el Seis de Espadas, que simboliza la partida incierta hacia nuevas orillas.
31. Una interpretación colateral del Seis de Espadas.
32. C. G. Jung, *Grundwerk*, tomo 5, Olten, 1984 (Walter).
33. J. Luft, *Einführung in die Gruppendynamik*, Stuttgart, 1971.

Bibliografía utilizada y recomendada

1. Tarot

Bill Butler — Dictionary of the Tarot. Nueva York, 1975 (Schocken)
Richard Cavendish — The Tarot. Londres, 1986 (Chancellor)
Alberto Cousté — El Tarot o la Máquina de imaginar. Barcelona, 1971 (Barral)
Liz Green/
Juliet Sharman-Burke — Delphisches Tarot. Munich, 1986 (Hugendubel)
Stuart R. Kaplan — Der Tarot. Munich, 1984 (Hugendubel)
Sallie Nichols — Die Psychologie des Tarot. Interlaken, 1984 (Ansanta)
Rachel Pollack — Tarot. 78 Stufen der Weisheit. Munich, 1985 (Knaur)
Mary Steiner-Geringer — Tarot als Selbsterfahrung. Colonia, 1986 (Diederichs)

2. I Ching

Richard Wilhelm (Ed.) — I Ging. Das Buch der Wandlungen. Colonia, 1956 (Diederichs)
R. L. Wing — Das Arbeitsbuch zum I Ging. Colonia, 1986. (Diederichs)
Ulf Diederichs (Ed.) — Erfahrungen mit dem I Ging. Colonia, 1987 (Diederichs)
Lama Anagarika Govinda — Die innere Struktur des I Ging. Friburgo, 1983 (Aurum)

3. Mitología

Joseph Campbell — Der Heros in tausend Gestalten. Francfort, 1978 (Suhrkamp)
James George Frazer — Der goldene Zweig (2 tomos). Francfort, 1977 (Ullstein)
Herbert Gottschalk — Lexikon der Mythologie. Munich, 1985 (Heyne)
Michael Grant/J. Hazel — Lexikon der antiken Mythen und Gestalten. Munich, 1980 (dtv)
Ester Harding — Frauenmysterien einst und jetzt. Berlín, 1982 (Schwarze Katz)
Herbert Hunger — Lexikon der griechischen und römischen Mythologie. Reinbek, 1974 (Rowohlt)
Karl Kerényi — Die Mythologie der Griechen (2 tomos). Munich, 1966 (dtv)
Klaus Koch y otros (Ed.) — Reclams Bibellexikon. Stuttgart, 1978 (Reclam)
Robert von Ranke-Graves — Hebräische Mythologie. Reinbek, 1986 (Rowohlt)
ídem — Griechische Mythologie. Reinbek, 1984 (Rowohlt)
ídem — Die weiße Göttin. Berlín, 1981 (Medusa)
Herman Weidelener — Die Götter in uns. München o.J. (Goldmann)
Heinrich Zimmer — Abenteuer und Fahrten der Seele. Colonia, 1987 (Diederichs)